AF311842

MANUEL GÉNÉRAL

DU

MODELAGE

EN BAS-RELIEF ET EN RONDE-BOSSE

DE LA

SCULPTURE ET DU MOULAGE

OUVRAGE ORNÉ DE PLANCHES

AUGMENTÉ D'UN GRAND NOMBRE DE PROCÉDÉS NOUVEAUX UTILES ET AGRÉABLES AUX AMATEURS

PAR

F. GOUPIL

Professeur de dessin et élève d'Horace Vernet

L'argile et toutes les matières plastiques sont, dans les mains de l'homme, ce que l'homme est dans les mains de Dieu.

PARIS

DESLOGES, LIBRAIRE-ÉDITEUR

4, RUE CROIX-DES-PETITS-CHAMPS, 4

1860

Lagny. — Typographie de A. Varigault et Cie.

L'ART

DE

MODELER ET DE SCULPTER

On imite le relief des objets au moyen de la terre glaise convenablement préparée ou de la cire molle, ainsi qu'avec le plâtre, le bois, la pierre, le bronze, le marbre, etc. L'étude de tous les procédés à l'aide desquels on reproduit la saillie de tout objet de la nature, comparée à une surface plane, est ce qu'on appelle le domaine de *l'art plastique* ; et les matières employées à toute représentation en relief, se nomment matières plastiques.

On peut parfaitement modeler sans savoir dessiner ou manier un crayon. Il est même beaucoup plus facile de modeler avec exactitude un objet qu'on a sous les yeux et qu'on peut mesurer en tous sens, que de le dessiner, puisque le dessin a de plus la difficulté du raccourcissement et de la fuite perspective des formes. Au point de vue de l'enseignement rationnel de l'art, il est logiquement beaucoup plus profitable de faire précéder le dessin par le modelage, ou tout au moins de s'appliquer à modeler d'après la bosse, et de dessiner ensuite ce qu'on a d'abord modelé.

Il est utile, en modelant, de commencer d'abord par copier les choses les plus simples, et de les copier, premièrement, de la grandeur exacte ; on les copiera ensuite en plus grand ou en plus petit.

Qu'entendons-nous par les modèles les plus simples ? Les idées des difficultés de l'art sont très-vagues pour toute personne qui n'a jamais touché un outil, ou manié le crayon ou le pinceau ! !

Nous en reviendrons toujours à la comparaison des surfaces des corps réguliers de la géométrie, qui présentent les formes les plus simples, et nous dirons au modeleur, au dessinateur ou au peintre, d'avoir toujours en mémoire les formes de la boule, de l'œuf, du cylindre, du cône, pour les trois corps ronds primitifs; de la pyramide triangulaire, du cube, du prisme, etc., pour les corps à pans ou terminés par des plans ; de s'exercer même à les copier avec de la terre à modeler, de la cire ou toute autre matière aussi exactement qu'il pourra, avec les doigts ou les plus simples outils. Nous ne craignons pas d'assurer que l'application attentive dépensée à l'imitation, même grossière, de ces divers corps, aura ouvert la route la plus directe qui conduit à l'intelligence des formes plus ou moins composées.

Un enfant va modeler instinctivement, et trouvera un extrême plaisir à faire une boule parfaitement ronde avec une matière molle, beaucoup plus aisément qu'à dessiner un rond parfait avec un crayon (1). Mais, s'il s'agissait de tailler une boule dans une matière dure, comme du plâtre, il se rebuterait bientôt et ne saurait comment faire ; cependant, si vous preniez, devant lui, un cube en plâtre, puis qu'avec un couteau vous en coupiez les quatre angles, et que, successivement, vous recoupiez encore les nouveaux angles, et ainsi de suite, jusqu'à ce que vous ayez produit un corps tout à fait arrondi à force de couper les angles, il comprendrait de suite par quelle série de formes le cube doit passer pour devenir une boule parfaitement sphérique, et l'impossibilité de ramener une matière dure à une forme voulue sans outils particuliers. Or, celui qui n'a jamais pratiqué un art est presque un enfant; il ne peut imaginer les moyens qu'il emploierait pour obtenir tel ou tel résultat. Je dirai donc que, pour modeler en terre d'abord, il importe de choisir et de bien préparer sa terre, glaise ou argile(2); on la mélange quelquefois avec du sable fin quand elle est trop grasse, et on la manie en la pétrissant

(1) Je trouve ici l'occasion d'appeler l'attention de tous ceux qui s'occupent d'enseignement, sur l'immense avantage qu'il y aurait à exercer la jeunesse au modelé et à toute espèce de travaux propres à développer l'instinct d'imitation, à l'utiliser dès le premier âge, et à stimuler par là l'invention. J'ai la conviction que les chefs d'institutions et directeurs de salles d'asile y trouveraient un puissant agent de progrès. L'adresse des deux mains s'y acquerrait forcément *et sans fatigue ;* et le génie inventif s'augmenterait par le charme invincible de la production d'agréables résultats matériels parlant aux yeux. Ce serait un moyen très-sûr de mettre en action la faculté appelée par les phrénologistes constructivité.

(2) Les potiers en vendent de toute préparée pour les sculpteurs.

dans les mains, puis on en fait des bâtons ou boudins, dont la malléabilité soit bien égale ou homogène. On cesse de les manier quand le corps de ces bâtons ne contient plus de grumeaux ou parties dures. Les sculpteurs qui ont à monter des groupes ou des statues, font préparer la terre par leurs élèves. Quand la terre est maniée ainsi en quantité suffisante, on peut commencer à travailler, et nous allons parler des outils les plus commodes.

Travail du modelage en terre.

On distingue, dans les ouvrages de sculpture, le modelage de haut-relief ou de ronde-bosse, qui constitue l'imitation complète d'un modèle autour duquel vous tournez, et que vous copiez exactement sous toutes ses faces, comme une statue entière; et le modelage du bas-relief ou relief partiel, qui ne fait voir que l'imitation d'une partie du relief du modèle ou demi-relief, ou même un relief de plus en plus aplati, comme dans les médailles ou pierres gravées.

Le modelage du statuaire s'applique aux monuments. On fait des figures monumentales en ronde-bosse, comme les statues ou les bustes; on y applique également les bas-reliefs. Mais le modelage à la cire ne s'adapte qu'à de petits objets qui exigent un haut fini avant d'être moulés ou coulés en plâtre, en soufre, en bronze ou en toute autre matière plastique.

Il est indispensable, dans une foule de professions et d'arts industriels, d'apprendre à modeler; par exemple : dans la bijouterie, l'orfévrerie et plusieurs autres.

Le modelage ornemental sert plus particulièrement dans l'architecture; il emprunte, comme le dessin de décor, ses modèles à la végétation, et est par conséquent infiniment varié dans ses créations. Nous en toucherons quelques mots à l'occasion dans le cours de ce traité. Mais, pour plus de méthode, nous commencerons d'abord par enseigner à copier un médaillon en bas-relief, comme étant l'étude la plus attrayante pour l'amateur, chez lequel nous admettons déjà une notion suffisante de dessin.

Objets indispensables pour faire de la sculpture et modeler.

Une selle en bois ;
Deux sébiles de grandeurs différentes ;
Un couteau de forme allongée ;
Une spatule en fer ;
Une douzaine d'ébauchoirs en fer, en ébène, en buis ;
Deux ébauchoirs dentelés (ripes) ;
Deux gradines ;
Un maillet en bois ;
Un ciseau ou fermoir ;
Deux pinceaux en poil de sanglier ;
Un flacon d'huile grasse ;
Un flacon d'huile d'olive ;
Un flacon de liqueur de savon ;

Parmi les ébauchoirs de buis ou d'ébène, il en est de dentelés pour dégrossir, et d'autres unis. Il y en a aussi d'arrondis et d'allongés dont le taillant est émoussé ; on s'en sert pour modeler les parties dans lesquelles le doigt ne saurait pénétrer. On en fait aussi en ivoire ou en os.

Les ripes sont en acier, et servent à enlever la terre qu'on prépare à recevoir un travail plus fin. Leurs tranchants sont dentelés.

Fers et compas du praticien.

Compas à branches courbées intérieurement ;
Équerre de fer et fil à plomb ;
Une brosse cylindrique dans un tube de fer-blanc, en manière de seringue, pour lancer l'eau en pluie sur la terre à modeler ;
Baquet pour mettre de la terre ;
Divers poêlons pour fondre la cire.

Le nombre des ébauchoirs peut varier à l'infini avec leurs formes, ainsi que la quantité des fers à travailler le marbre, le bois et toutes matières dures en général. Le praticien expérimenté emploie une quantité de ciseaux, de fermoirs et de burins, ainsi que des râpes, des limes, des gouges, etc., etc.

NOTIONS GÉNÉRALES

Instruments du modelage. — Du mouleur, du répareur, du sculpteur en bois, en pierre et en marbre.

Selon la dureté des matières plastiques, le sculpteur, le modeleur, le *praticien,* en général, varie ses opérations et les instruments de son travail.

Le modeleur n'emploie que ses doigts et des ébauchoirs en bois, en buis, en os ou en ivoire, n'ayant affaire qu'avec des matières molles, telles que la terre et la cire ; mais dès qu'il devient mouleur, et se met conséquemment en rapport avec le plâtre, matière déjà plus dure, il emploie des outils en fer : des spatules pour gâcher et manier le plâtre, des ripes et des ciseaux, des grattoires pour abattre les coutures des moules, pour *épanneler,* pour arrondir et arriver au fini.

Le sculpteur sur bois emploie des gouges, des becs-d'âne, des burins, des râpes, des limes, des mèches pour percer ; il use du marteau pour pousser le ciseau ou fermoir qu'il tient du poignet gauche, et frappe du marteau ou du maillet tenu dans la main droite ; il perce, avec le vilebrequin, des trous de distance en distance, et la scie fine

(1) Sur notre planche, on voit tous les ébauchoirs du modelage, représentés dans la partie supérieure horizontale, précisément au-dessus de la masse ou marteau de fer du sculpteur praticien. Dans la partie immédiatement au-dessous, et de chaque côté de la selle à modeler, sont les pointes, les ripes, les râpes, les limes, gradines, gouges, fermoirs, becs d'âne, etc. Pour la sculpture du marbre, le reparage du plâtre u la sculpture du bois est, à l'angle inférieur, le trépan ou drille.

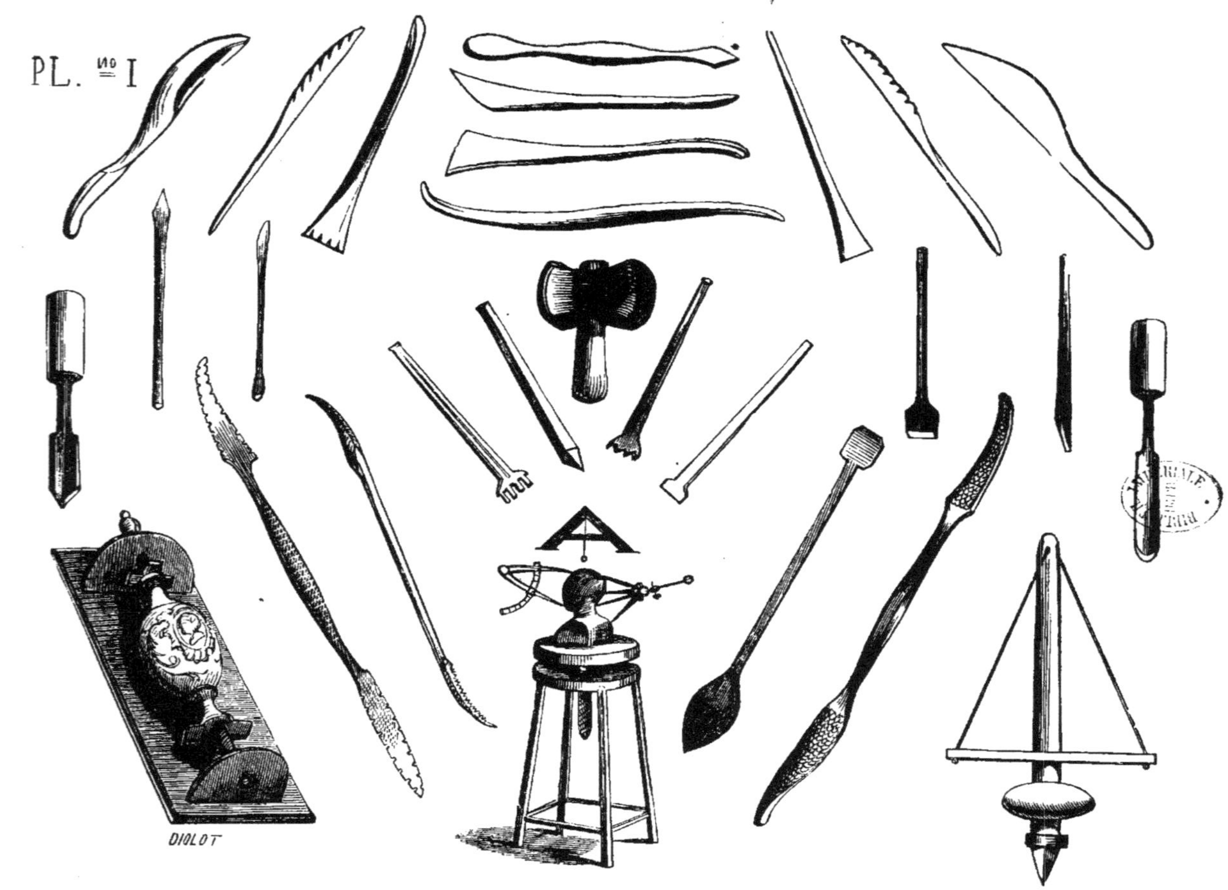
PL. Nº I
DIDLOT

achève la perforation linéaire entre les trous, quand on veut dégager des parties d'ouvrage qui doivent être à jour. Les queues de rat sont des limes rondes de forme conique, très-utiles pour adoucir des surfaces de portions évidées par la scie.

Le praticien qui traite le marbre d'après un modèle donné, exécuté en terre, en cire, en plâtre ou en quelque matière que ce soit, use d'outils analogues aux précédents : ce sont des fers, des ripes, des fermoirs, des pointes, des forets qui percent, mis en jeu par le violon ou le trépan, des limes, des râpes, des gradines, des rifloirs et des scies à marbre. Il va sans dire que chaque genre de travail exige plus ou moins de légèreté, de délicatesse de main et de toucher ; le sculpteur doit transporter ses yeux au bout de son instrument, et la grande habitude de travailler indifféremment les diverses matières plastiques fera le sculpteur habile et expérimenté.

Les compas des sculpteurs sont de différentes sortes, ordinairement en fer, quelquefois en bois avec les extrémités garnies de pointes en fer. Il y a aussi des compas pour mesurer les épaisseurs ; leurs branches sont courbées comme des pinces ; il y a encore des compas à trois branches égales dont se servent les praticiens pour établir la position d'un point du modèle, au moyen d'une sonde qui glisse dans la partie supérieure ou tête de ces compas. On en pose les trois pointes sur trois points déjà fixés dans le modèle, et de manière à former les angles d'un triangle équilatéral ; si l'on veut déterminer la hauteur ou la saillie d'un point de détail situé dans ce triangle, au moyen de la sonde on établit un compas exactement semblable sur les mêmes points déjà déterminés dans la copie, et la hauteur de la sonde, la position de son extrémité relativement aux trois pointes du compas, indique ce qu'il faut enlever de marbre ou de pierre pour le placer exactement comme dans le modèle.

Des maillets ou des masses de fer, en forme de parallélipipède, de différents poids, emmanchés court, servent à faire agir le ciseau. Quelques-uns, pour dégrossir, pèsent jusqu'à cinq livres. Pour modérer son coup, on tient quelquefois la masse dans la main sans employer le manche, et l'on frappe par un des côtés. Les râpes varient dans leurs formes : les unes, aplaties et pointues, sont taillantes et prismatiques ; on en emploie de moitié plates d'un côté, et demi-rondes de l'autre.

Le plus ou moins serré de leurs piqûres, plus ou moins saillantes et plus ou moins fines, se proportionne au travail que l'on fait. Il y a aussi des râpes de formes analogues aux ébauchoirs recourbés.

Pour donner à son ouvrage le dernier fini, le sculpteur emploie le grès fin humecté d'eau ; on prend, à cet effet, des morceaux de meule fine de coutelier, auxquels on donne la forme qui convient pour pouvoir pénétrer dans les endroits qu'on veut terminer. La pierre ponce est également employée au même but. Le praticien, qu'il ne faut pas confondre avec l'artiste sculpteur, qui crée et invente le modèle, n'est qu'un copiste géomètre : un sculpteur peut être son propre praticien, tandis que beaucoup de praticiens, qui ne savent que leur métier de copiste géométrique, seraient, la plupart du temps, fort incapables de modeler ou de faire un modèle de statue. Les compas à deux ou trois pointes servent à mesurer et établir les distances, et à mesurer les épaisseurs d'après leurs positions mathématiques. Le praticien n'a point à se rendre compte du mérite de ce qu'il copie : le modèle est pour lui un corps solide géométrique, composé d'une infinité de surfaces ou de plans. En géométrie, la situation exacte de trois points non en ligne droite, c'est-à-dire en triangle, détermine la position d'un plan. C'est, par conséquent, par une série multipliée de triangles que l'opération du dégrossi d'un bloc s'opère d'après un modèle donné. Le bloc est d'abord équarri et épannelé à la scie, puis les plans se multipliant par des sciages successifs, on commence le travail de la pointe, etc., et ainsi de suite. Le trépan est un instrument qui sert à percer et à évider le marbre au moyen de fraises ou de forets de différentes grosseurs. Le violon est plus commode et plus facile à manier.

Nous donnons dans notre planche la forme des outils les plus utiles, ainsi que celle de la selle du statuaire, qui n'est autre qu'un plateau tournant sur un axe dans un bâti à trois ou quatre pieds ; cet axe est quelquefois travaillé en forme de vis, afin d'élever ou de baisser à volonté son travail. La selle qu'on a représentée dans la planche sert pour faire des bustes ou des statuettes ; on comprend que la construction doit en être beaucoup plus solide et plus grande pour des ouvrages d'importance.

Nous y avons joint le chevalet pour le modelage d'un vase, qui y est fixé au moyen de deux boulons en bois formant vis de pression, et permettant de le tourner comme sur un axe.

Le sculpteur ornemaniste ou sculpteur industriel doit être en même temps artiste créateur et praticien. Les connaissances les plus variées dans le dessin lui sont indispensables, à cause de l'universalité et de l'infinité de sujets qui entrent dans les compositions décoratives qu'il est appelé à traiter.

Il doit exceller par le bon goût dans les formes et le choix heureux des plus agréables compositions, qu'il lui faut, en outre, subordonner à tous les besoins de l'industrie.

L'école de sculpture, appliquée à l'industrie, est en France plus remarquable que dans aucun autre pays ; elle se distingue par une perfection inimitable d'exécution dont notre commerce s'enorgueillit à juste titre.

Les façades de nos maisons, l'aspect de nos magasins, où brillent, sous d'innombrables formes, les matières les plus précieuses comme les plus communes, métamorphosées en vrais bijoux sous les mains adroites et ingénieuses de la sculpture, témoignent de la fécondité du bon goût et de l'imagination qui caractérisent nos artistes en ce genre.

L'artiste amateur, qui a le goût et la volonté d'occuper quelques heures de ses loisirs par l'attrayante étude de la sculpture, trouvera de grandes jouissances en passant du modelage en cire au moulage, du moulage en plâtre aux ouvrages de sculpture en albâtre de moyenne dimension, qu'il exécutera d'après les propres originaux qu'il aura modelés lui-même et moulés. Il sera son propre praticien, et cette occupation formera son coup d'œil, perfectionnera l'adresse de ses doigts en le rendant habile appréciateur des difficultés et des mérites de la grande sculpture. La sculpture en bois ne lui sera pas non plus étrangère ni indifférente. Le riche amateur d'art, qui pratique l'art, possède, en outre, par les ressources de sa fortune, les moyens de faire exécuter les ouvrages de ses mains en toutes sortes de métaux précieux, pour en décorer sa demeure et la rendre par cela même plus agréable encore pour lui et pour ses amis. Quelle que soit d'ailleurs la position sociale du lecteur qui voudra bien feuilleter ce petit livre, il est impossible qu'il ne soit pas tenté d'essayer de devenir tant soit peu sculpteur, modeleur ou mouleur, dès qu'il son-

gera en nous lisant à l'immense variété des ressources que la sculpture offre pour charmer ses loisirs.

Nous appelons volontiers l'attention des personnes qui veulent
s'adonner à l'art qui nous occupe, sur les ouvrages qui nous semblent
mériter quelques efforts de leur part.

Nous parlons, dans ce traité du modelage en bas-relief, du portrait
de l'étude des fleurs en bas-relief d'après nature, ou des copies faites
d'après des estampes. Il serait trop long d'énumérer tous les objets
agréables et utiles auxquels toute personne de goût, et qui aime les
arts du dessin, peut appliquer son adresse, son intelligence, et faire
preuve de son talent.

Une dame pieuse ne peut-elle point se fabriquer elle-même un
bénitier? l'embellir ou l'orner de fleurs de sa façon? ajuster autour
de la croix sainte qui le surmonte quelques belles têtes d'ange expres-
sives et voltigeantes, ou l'animer de quelque vierge en larme ou en
extase aux pieds de cet instrument de douleur de son divin fils ?

Ne serait-il pas charmant aussi de créer autour d'un portrait d'une
personne qui vous est chère un cadre richement ornementé et taillé
dans le bois ?

L'invention et la forme d'une coupe d'un flambeau, d'un écran, de
l'entourage d'un miroir, d'une pendule, sont autant de sujets d'études
intéressantes à faire. Il est bon d'en jeter la première idée au trait
sur le papier avant de commencer à modeler.

La conception de la forme abstraite d'un objet qu'on veut décorer
et ornementer, est ce à quoi il faut d'abord s'attacher ; et nous allons tenter de donner à cet égard quelques règles propres à guider
dans cette recherche.

Un vase est une forme que les esprits irréfléchis croient souvent
insignifiante ; néanmoins, si cette forme nous paraît agréable en la
considérant, c'est qu'elle est le réveil en nous, ou l'écho d'autres
formes que nous aimons. Ce vase, s'il est d'albâtre, nous rappelle
l'éclat de la neige, des nuages ; et sera plus près d'être trouvé beau
que s'il n'est que de grès ou de terre commune : voilà pour la signifi-
cation de la matière ou l'impression de la couleur ; il y aurait déjà
un élément de beauté dans la substance plastique ressemblante à des
objets beaux dans la nature, l'éclat lumineux et pur de la neige, des
nuages, dont aucune palette ne peut rendre les qualités éblouissantes.

Si nous y ajoutons les qualités de la forme, nous verrons que si ce vase nous rappelle le souvenir de contours remarqués ailleurs, par exemple ressemble aux contours élégants du lis ; que les anses qu'on y ajuste ressemblent par leur courbure aux inflexions du col d'un cygne, notre vase aura déjà d'autres attraits à nos yeux. C'est par l'intérêt des idées agréables ou touchantes que l'art embellit tous les objets les plus futiles en apparence ; c'est en évoquant les impressions douces, et en les appliquant aux objets qui nous entourent, que nous créons des images, et que la poésie s'y infuse en réveillant des sentiments endormis ou bien oubliés qui nous font revivre du passé.

La vie de l'imagination n'a lieu que vers l'avenir et le passé. Pour alimenter cette imagination, il nous faut les arts qui symbolisent tout par des images.

Si je veux créer un vase, le champ est vaste. Pourtant, je n'en veux faire qu'un ; je le veux d'une certaine forme, simple, élégante ou riche ; il aura un pied et deux anses.

Le mot simple est très-vague pourtant ; la forme la plus simple est la boule ; la forme ovale plaît davantage, puisqu'elle s'allonge et est en hauteur. Le pied doit être proportionné au corps du vase, qui sera la partie ovoïde, et proportionné également au cou dont l'ovoïde est surmonté. Comme je suppose que la personne qui désire composer un vase ornemental n'en a jamais fait, je lui conseille de visiter un musée ou de parcourir quelque ouvrage renfermant de beaux types de vases, dans le genre de celui que nous supposons devoir faire, et d'essayer d'en imiter un sur du papier.

On pourra aussi, en dessinant dans une série de carrés longs, chercher le galbe de vases de ce genre en les traçant par moitié, et décalquant la contre-partie symétriquement à sa place. Il est même encore fort aisé de ployer un morceau de papier en deux et de découper la silhouette de l'objet avec des ciseaux ; on aura ainsi le profil du vase, qu'il suffira de donner ensuite à faire à un tourneur en bois, qui en exécutera la masse ou le rendra en plusieurs pièces, le col, l'ovoïde et le pied ; sur ces différentes parties, il sera charmant de trouver une disposition ornementale appropriée à l'usage qu'on en veut faire. La cire à modeler s'applique très-facilement sur le bois. Supposons que notre vase soit destiné à servir d'ornement pour le surtout d'une table, il est aisé d'y donner de l'intérêt par des attributs relatifs à la chasse, des groupes de gibier, de fruits ou de poissons, et attributs de pêche, y figureront plus avantageusement qu'un simple décor de rinceaux grecs, ou de simples feuillages ou imitations architecturales, et il sera fort aisé de dessiner au fusain ou au crayon, et *grosso modo,* la disposition de ce qu'on aura choisi de placer sur les trois membres du vase dans cet ordre d'idées. Il est évident que la partie ovoïde du vase devra être la plus riche, et les deux autres, le col et le pied, y seront subordonnées comme richesse décorative.

L'art doit donner moins d'apparence à certaines parties pour en faire valoir d'autres, sacrifier certaines parties, subordonner la vérité d'imitation de certaines choses pour en faire ressortir d'autres, faire croire à certaines vérités au moyen de certaines tricheries ou de certains demi-mensonges, et surtout faire ressortir les qualités des choses qui, en beauté matérielle ou en idée, méritent d'occuper le premier rang.

Il est utile et nécessaire de s'entourer de bons modèles à imiter dans tel ou tel genre; le centre dans lequel nous vivons, les objets dont nous nous entourons, exercent sur l'organe de nos yeux, et par contre-coup sur notre imagination, des influences salutaires ou défavorables dignes d'être sérieusement étudiées. L'aspect des beaux objets exerce sur nos yeux des effets salutaires, comme le vert des prairies et le bleu du ciel.

La science ne nous vient que par l'observation; l'ignorance est son aînée. A-t-elle droit pour cela à nos respects? Certes, non; mais elle est à plaindre et à soulager. L'ignorance de l'art se dissipe chez nous chaque jour. Les livres enseignent bien quelques petits secrets; pourtant, n'en lisez pas trop. A quoi sert de connaître l'hébreu, si l'on ne veut étudier l'Écriture? A quoi bon ramasser des médailles, si on ne les ramène à l'histoire? Autant vaudrait ramasser toutes sortes de clefs et grossir journellement le trousseau sans avoir envie de rien ouvrir ni d'entrer nulle part! Le véritable artiste est celui qui a la conscience de ce qu'il fait et de l'impression qu'il veut produire; tout son génie et son talent sont là.

Remarques générales sur les effets de la couleur et de la lumière dans les reliefs.

On observe que, sur les corps polis, la lumière paraît toujours par luisants étroits ; elle semble beaucoup plus étalée sur les corps mats. On doit donc travailler les ouvrages de sculpture en raison de la matière employée.

Le même modèle sculpté en plâtre, en marbre, en albâtre, en ivoire, en bois sombre ou en buis de couleur claire, en bronze rouge ou vert, ou florentin, en or mat ou en or poli, en argent mat ou en argent poli, en matière demi-transparente, telles que l'opale, l'onyx, l'albâtre oriental, en cristal ou en verre transparent, produit à nos yeux, selon chaque substance, des impressions agréables ou désagréables dont le sculpteur doit attentivement étudier les effets. Le mat convient mieux à l'imitation des chairs en toutes matières ; les étoffes brunies ou polies font souvent un bon contraste qui fait valoir les chairs.

Le poli amaigrit les formes par la minceur des coups de jours, surtout si la matière plastique est foncée. Les matières transparentes, opposées aux matières opaques, produisent d'heureuses combinaisons de couleur et de lumière dans les compositions décoratives. En architecture et en décors, la couleur des matières plastiques, le jeu que la lumière s'y livre, remplissent un rôle important dans l'aspect pittoresque dont on aime à être frappé. Dans la sculpture, ces considérations sont non moins utiles ; il est nécessaire, pour les figures qu'on destine à être coulées en bronze, de suivre un autre système de saillies que pour celles qu'on destine à être exécutées en marbre.

Nous avons vu, à une de nos dernières expositions des beaux-arts, la Minerve, exécutée par feu Simart pour M. le duc de Luynes. Cette curieuse statue était un remarquable essai de sculpture polychrome en diverses matières précieuses (renouvelé de l'antique).

Dans la sculpture de ce genre, pour obtenir des résultats agréables, il ne faut pas trop multiplier, je crois, les teintes des matières employées, ni que le contraste de ces teintes soit trop tranché. Là il faut, comme dans l'étude des lignes, que tout soit bien proportionné. Ainsi, l'harmonie des teintes colorées compléterait et rehausserait celle des formes bien cadencées.

Réduction et copie aux carreaux.

Le dessin, au point de vue le plus vulgairement admis, est la représentation, sur le papier, au moyen du crayon ou de l'estompe, du relief des objets; mais, au point de vue du statuaire, le dessin embrasse aussi l'exacte reproduction du relief de la nature, ou une connaissance approfondie des effets de ce relief, considérés optiquement de la place où on doit voir les ouvrages de sculpture monumentale ou décorative.

Le grand artiste peintre ou sculpteur doit être grand dessinateur, et savoir reproduire à propos, par une grande étude du vrai, et suivant le caractère donné, la liaison secrète de toutes les parties d'une figure, dans les proportions, dans la forme, dans le mouvement et dans l'expression.

Lorsqu'on veut réduire ou copier un bas-relief, on fixe solidement l'original sur une planche, posée verticalement sur un chevalet. Supposons que ce soit un médaillon, portrait de profil. On cherche le milieu de la partie supérieure de la figure, au-dessus de la tête; on plante un clou suffisamment long dans la planche, et, au moyen d'un fil à plomb qu'on suspend à ce clou, on plante, à la partie inférieure du fil à plomb et du médaillon, un autre clou qui doit servir, avec le clou d'en haut, pour établir sur son modèle un fil noir qui sera une verticale. On aura le soin, en liant ledit fil noir, de le maintenir bien parallèle au plan du bas-relief ou fond plat sur lequel le profil se détache; on répétera cette opération en clouant, à distances convenables et égales, une série de fils parallèles et verticaux, formant grillage en avant du modèle; on croisera, dans le sens horizontal et avec les mêmes précautions, un nombre égal de fils noirs équidistants, de manière que l'ensemble des carreaux obtenus soit parfaitement dans le même plan, et l'on aura un treillis fort utile, au travers duquel on devra examiner son modèle. Il est indispensable de regarder ledit modèle à une distance suffisante, pour que l'œil en embrasse facilement l'ensemble. On place son œil toujours au même point, car la moindre déviation, à droite ou à gauche, change la forme. Il sera bon, par conséquent, de placer devant ce qu'on veut copier, bien en face, au centre du médaillon et à la hauteur de l'œil, un bâton vertical percé d'un trou ou oculaire, pour se mettre toujours à la même place et considérer l'original. Ceci est de la plus haute importance pour les personnes qui n'ont jamais étudié d'après nature. L'usage des verticales et des horizontales du carreau facilite considérablement la recherche des parties d'un relief.

Médaillon en profil. — Bas-relief en terre ou en cire.

OUTILLAGE : — Une ardoise plus ou moins grande, servant plutôt pour les travaux en cire; une planche en bois, bordée d'un châssis, ou un fond en plâtre; une plaque coulée sur un marbre, dans un cadre ou châssis de bois. On y plante souvent des chevilles ou des clous pour maintenir la terre qu'on y amasse, pour y établir le travail d'un bas-relief.

Si l'on veut faire cuire l'objet que l'on a l'intention d'exécuter, on le travaille sur un fond d'ardoise sans y introduire de pointes ni de chevilles. On place son ouvrage sur un chevalet à peu près incliné, comme pour faire un tableau; on le fait sécher peu à peu quand il est terminé, ayant soin que rien ne gerce. On le cuit alors dans des fourneaux adaptés à cet usage. L'opération de la cuisson et de la dessiccation font prendre du retrait à la terre, ce qui varie suivant sa qualité. Elle diminue environ d'un septième. Le biscuit blanc de porcelaine diminue d'un dixième. On a égard à ce retrait pour obtenir des figures d'une grandeur déterminée, et la connaissance de ce retrait s'acquiert par l'expérience de la manière dont chaque argile ou terre se comporte au feu.

La copie d'un profil en bas-relief en terre se commence en traçant d'abord, soit sur l'ardoise, soit sur la planche ou le fond donné, le contour général, ou ce qu'on nomme la silhouette de la tête proposée pour modèle. On remplit ce contour d'une couche de terre à peu près égale et d'une épaisseur convenable, qu'on applique avec les doigts en appuyant assez fortement. On se sert particulièrement du pouce de la main droite pour cette opération; on a soin ensuite d'adoucir, de faire plus mince et d'arrondir un peu au doigt et à l'ébauchoir les contours extérieurs, en les laissant mourir quelquefois sur le fond, comme seraient, par exemple, des cheveux. Il faut mouiller tant soit peu le doigt ou l'outil pour polir.

On laisse plus de saillie au front vers les tempes ; toutes les autres parties du visage doivent, relativement au fond, avoir moins d'épaisseur de terre. On creuse avec les pouces et l'ébauchoir la cavité de l'œil ; on forme une petite boulette pour son globe, et on la surmonte d'un petit bourrelet pour la paupière supérieure ; on y place au bas un second bourrelet pour la paupière inférieure, et on perfectionne chaque forme au moyen des ébauchoirs en buis ou en os.

Le travail est le même pour la cire, mais avec cette différence que la cire se travaille moins facilement ; il faut plus de temps et d'habitude pour bien terminer la cire que la terre. Il est utile, pour l'ébauche, de donner aux surfaces leurs caractères, leurs inclinaisons ; on dispose les plans principaux : il vaut mieux masser par plans que par surfaces courbes. Il est très-essentiel d'établir d'abord, d'une façon rude et un peu anguleuse, la séparation ou localisation des surfaces et leurs limites ; il est toujours très-facile d'adoucir ensuite les passages heurtés. Les parties osseuses doivent toujours être accusées avec plus de fermeté que les parties charnues et grasses.

Il faut d'abord copier de bons bas-reliefs en plâtre ou de bonnes médailles, afin de bien se pénétrer du style le meilleur à adopter, en copiant ensuite le modèle vivant ou la nature.

Il est bon de copier d'abord les bas-reliefs très-peu saillants, dont les bords s'éteignent sur le fond et sont ce qu'on appelle en goutte de suif, et de passer ensuite à la copie de quelqu'autre ouvrage traité fort en saillie, comme dans les bas-reliefs monumentaux ou dans certains portraits de David d'Angers. On regardera souvent ce qu'on fait de loin, pour mieux apprécier l'effet des noirs dans les parties creuses. N'oublions pas de recommander particulièrement aux commençants d'éclairer leur ouvrage du même jour que leur modèle. Il serait même assez important que le modèle soit peint de la même nuance que la terre à modeler : le jeu de la lumière sur le plâtre blanc peut tromper un commençant sur les proportions exactes et les saillies réelles de son original. Les anciens Romains ont excellé dans les statues ; quelques-uns de leurs bas-reliefs sont défectueux sous le rapport de la perspective, qu'ils semblent avoir négligée, ou dont ils connaissaient peu les règles. Beaucoup d'artistes même de talent, dans la sculpture, ont le plus grand tort d'ignorer ou de ne pas s'occuper de la perspective : cette science, toute positive, si elle était mieux connue de chacun d'eux, leur ferait bien souvent éviter de très-choquantes fautes, en leur enseignant que l'effet d'une statue ou d'un bas-relief' dépend du point de vue principal d'où le spectateur sera placé pour considérer l'œuvre; il est bien évident, en effet, pour ne citer à ce propos qu'un seul exemple, qu'une statue qu'un artiste compose pour être placée, je suppose, sur une colonne vingt fois comme elle, et qui devra être vue de la limite circulaire d'une place publique peu éloignée de la base, devra avoir les parties supérieures un peu fortes et exagérées en hauteur, pour ne pas perdre d'une façon choquante le bon aspect de ses proportions. Il est aussi indispensable que l'artiste sache suppléer aux déformations de la perspective, qu'il lui est nécessaire de connaître le retrait de la cuisson, quand il veut avoir une figure en terre cuite dans une mesure déterminée. Ce n'est pas dans son étroit atelier que l'artiste jugera sainement de son propre travail.

Le bas-relief est un mensonge de perspective, et il n'y a qu'un point de vue pour bien apprécier l'aspect d'un médaillon bas-relief.

C'est une des plus grandes difficultés de la sculpture que de bien traiter ce genre d'ouvrage; elle devient d'autant plus grande que le bas-relief est composé d'un plus grand nombre de figures.

Nous n'entreprenons pas ici de gravir avec l'élève les sommités ardues de l'art; nous les signalons seulement pour mémoire, et nous rappelons en passant, à ceux qui en ignorent, que la perspective étant l'orthographe des formes, et l'art étant un langage dont les formes sont les mots, il est ridicule de prétendre parler un langage et le posséder à fond, si on en ignore le mécanisme et les règles. Les grands maîtres font d'ailleurs autorité sur ce point; leurs immortels ouvrages attestent les connaissances profondes qu'ils avaient de toutes les parties pratiques et scientifiques de leur art, jointes au génie et à l'imagination dont ils étaient doués.

Un fort bon exercice de modelage est de copier de bonnes gravures en bas-relief. Cette étude, qui demande beaucoup d'attention et de soin, développera l'observation de l'artiste, en le forçant à calculer les saillies des différents plans, de manière à ce que les lointains soient à peine en relief et que les premiers plans conservent

toute leur importance de détail par les épaisseurs relatives des figures
ou des objets à représenter.

On voit, dans certains bas-reliefs ou médailles de la Renaissance,
'des portraits de personnages célèbres représentés de trois quarts ou
de face, qui sont des tours de force très-profitables à étudier. Ils
sont généralement assez peu saillants; par ce moyen, les raccourcis
des traits se rapprochent beaucoup du dessin.

Le modelage en terre ou en cire est pratiqué par tous les sculp-
pteurs, mais il n'est point uniquement utile à eux seuls ; les peintres
habiles trouvent, dans l'exercice du modelage, un très-bon auxiliaire
pour leurs tableaux. Le Poussin modelait lui-même des maquettes ou
figurines en cire, qu'il habillait et éclairait convenablement, pour
bien se rendre compte de la disposition des personnages et de la
place des ombres et des lumières dans ses tableaux, et pour l'étude
qu'on nomme du clair-obscur.

Règles de goût.

Les qualités qu'on doit chercher à réaliser dans un médaillon portrait, sont l'agrément général de l'ensemble et la ressemblance. Pour
le meilleur aspect possible, on doit apporter une attention particulière
à la quantité superficielle de fond qui règne autour du sujet; cela est
aussi important que de bien savoir proportionner la quantité de
marge ou de papier blanc qu'on laisse autour d'un dessin qu'on veut
encadrer. Il en est de même pour un portrait peint, le fond ne doit
pas écraser le sujet; il faut satisfaire les instincts et les affections de
l'œil, les flatter même pour arriver à plaire. Il est évident que le haut
d'une tête placée trop près du bord du cadre, qui est aussi bien le bord
du médaillon, sera choquante. Il sera non moins déplaisant d'avoir un
profil très-volumineux entouré d'un fond trop étroit, ou de voir des
profils au cou coupé disgracieusement et qui semblent guillotinés. Le
célèbre David d'Angers, dont nul ne conteste le talent comme sculp-
pteur réaliste, offre, dans ses médaillons portraits, des manques de
goût très-regrettables sous ce rapport; il est néanmoins très-profitable

d'étudier ses ouvrages pour la vie remarquable dont ils sont animés, particulièrement par l'effet de ses noirs ou parties creuses ; il excelle spécialement dans l'art de donner beaucoup de caractère à ses physionomies, surtout dans le regard.

La sculpture antique a rarement osé donner aux yeux des effets hardis et des semblants de coloration par le creusement ou la saillie des prunelles. Le globe de l'œil, dans les statues antiques, est ordinairement plein et dépourvu de la vie expressive que donne le coloris des prunelles.

On ne doit pas traiter un médaillon portrait de femme de la même manière que celui d'un homme ; et puisqu'il faut, comme en peinture, charmer le spectateur en éveillant en lui l'impression de tous les agréments physionomiques du modèle et en cachant ou dissimulant ses défauts, il sera toujours préférable de donner à un médaillon féminin plus de fini, un style doux par les ombres et une saillie conséquemment modérée. L'expérience et la pratique démontreront, mieux encore que nos conseils, que toute la beauté du médaillon portrait est dans l'art de ménager les noirs : on sait que les grands creux noirs, placés sans discernement, exagèrent les saillies ; toute l'attention de l'artiste devra donc s'attacher, pour bien achever son travail, à l'art de refouiller convenablement les parties creuses.

Les cheveux ne sont d'un effet satisfaisant que lorsqu'ils sont modelés par masses onduleuses, soyeuses, et fondues les unes dans les autres ; les détails de cheveux trop comptés, comme égratignés au peigne, ne font jamais bien. Les cheveux crépus sont peu difficiles à bien rendre ; on les obtient en pointillant de petits trous à l'ébauchoir, dont on parsème la surface des masses, ou en tamponnant ces masses avec une éponge mouillée, trempée de barbotine ou terre en purée.

On fait rarement des médaillons portraits qui dépassent la naissance des clavicules ; on coupe, par conséquent, le cou en le laissant descendre en doucine, depuis la naissance du dos jusqu'au-dessous des clavicules. Le cou nu donne ordinairement à la physionomie un aspect qui enlève à la ressemblance un certain cachet de réalité pour les hommes ; on est tellement accoutumé à voir les messieurs cravatés, que le cou nu suffit pour rendre la ressemblance moins frappante. Les lunettes et les bonnets, aux femmes, sont d'un fâcheux effet.

La sculpture n'est pas faite pour nos costumes modernes; cet art noble, qui idéalise la nature en y ajoutant l'éclat du marbre ou des matières précieuses, ne poétisera jamais le col de chemise, le chapeau en tuyau de poêle, ni l'habit à pan des temps modernes. Les audacieux efforts de David d'Angers, pour faire adopter les costumes modernes dans les bas-reliefs monumentaux et historiques, laisseront à la postérité la preuve immortelle du mauvais goût de nos modes. Le nu et la belle draperie régneront toujours avec avantage dans les œuvres sculpturales et monumentales; tous les beaux monuments de l'antiquité en offrent l'irrécusable preuve.

L'étude générale du bas-relief de moyenne dimension offre aux amateurs de charmantes ressources comme occupation d'art; nous leur conseillons particulièrement de se livrer à celui de la cire, comme étant, surtout pour les dames, le procédé le plus commode à cause de sa propreté et du peu d'embarras qu'il occasionne. On copiera toujours très-profitablement des objets moulés sur nature et des estampes, des fleurs en bouquet, des fruits, des oiseaux, des groupes ou des attributs de nature morte au moyen de la cire, qui atteint, dans les petites choses, tout le plus haut fini désirable; si on ne veut pas faire de frais de moulage, la cire à modeler, qu'on peut obtenir colorée de teintes agréables, se conserve parfaitement à l'abri de la poussière sous des verres bombés ou des globes. La galvanoplastie, qui a fait de très-grands progrès, fournit aussi aux amateurs un charmant moyen de reproduire les modèles sortis de leurs mains pour décorer des coffrets, des meubles, etc.

Nous dirons plus loin les moyens de la dorer facilement soi-même.

Précautions et soins à prendre pendant le cours du travail.

Il est utile, quand le bas-relief est un peu grand, de le placer sur un chevalet vertical et de le travailler debout en s'éloignant de temps à autre. On peut avoir une règle, posée sur des chevilles à distance suffisante, pour appuyer la main sans toucher aux parties terminées.

On humecte la terre, quand elle se dessèche, en lançant de l'eau de loin soit avec la bouche ou une éponge mouillée; le meilleur instrument pour mouiller un objet, groupe ou statue de grandes dimensions, est la brosse cylindrique humide, agissant comme un piston dans un tube de fer-blanc qui la contient.

Chaque fois qu'on cesse de modeler, on plante dans l'ouvrage qu'on fait de longues épingles noires ou des chevilles de bois de loin en loin, ou des tuyaux de pipe sur les plus fortes saillies, et l'on couvre le tout de chiffons mouillés, de telle sorte que les chevilles ou les épingles les empêchent de toucher aux surfaces, que leur trop d'humidité déformerait. Le bas-relief en petit n'a pas besoin d'être maintenu trop humide, ni trop sec.

Si l'on rajoute de la terre pour augmenter des saillies reconnues trop faibles, il ne faut pas que le dessous soit plus mou que ce qu'on superpose.

On prépare l'ébauche et le caractère des plans larges avec les ébauchoirs plats et larges; l'outil de bois graticulé raye les surfaces comme ferait un peigne : on applatit ensuite les raies avec le pouce.

On mouille d'autant plus les doigts avec l'éponge, qu'on désire terminer et polir davantage les surfaces. On tamponne quelquefois avec le doigt au lieu de le faire glisser sur la terre; cela donne un aspect mat qui est souvent bon pour modeler des chairs ou différencier des surfaces.

Après s'être exercé d'abord au bas-relief, on se livre volontiers aux études d'ensemble, aux statuettes portraits ou aux statuettes à costumes, que j'appellerai sculpture pittoresque ou de genre. L'étude académique est la plus difficile et la plus instructive, en ce qu'elle donne la parfaite connaissance du nu.

Massage de figures en terre ou en cire.

La première disposition à prendre avant de commencer à travailler, c'est de préparer une armature destinée à fixer solidement la figure ou l'objet que l'on va modeler sur le morceau de bois qui doit le supporter.

On emploie pour cet usage de petites tringles de fer qu'on fixe fort
avant dans le bois. On se sert du même procédé pour les parties qui
manquent de solidité, puisqu'elles ne sont appuyées sur rien, telles
que la tête, les bras, etc. On se sert ordinairement de petits morceaux de bois pour les rattacher intérieurement à la partie principale
de l'objet sculpté.

Lorsqu'on traite de grandes choses, l'armature dont on se sert doi
être toute en fer, en raison de l'énorme poids de terre qu'elle
devra supporter (1).

Cette armature se pose sur une *selle,* espèce de socle roulant sur
pivot et galets, ce qui permet de voir tour à tour chaque face de
son travail sans avoir à se déranger.

Le travail de l'ébauche se fait tantôt avec la main et tantôt avec
l'ébauchoir : les plus petits sont destinés à pénétrer où la main
seule ne saurait atteindre.

La règle première du modelage est de déterminer d'abord un
noyau bien plus petit que la grosseur de l'objet qu'on veut retracer;
ce noyau sert de base au travail qu'on doit réaliser : ainsi, pour indiquer une tête, on commence par pétrir une boule de terre ou de
cire à peu près grosse comme un œuf et de forme semblable.

Dans cette boule, avec un ébauchoir un peu gros, on creuse les
orbites, dans lesquelles on ajoute les prunelles formées de petites
boulettes; le nez se fait de même manière. La bouche se forme en ren-
fonçant ses deux extrémités; ensuite on modèle les lèvres, le men-
ton, les joues, les oreilles, les cheveux, en ajoutant de la matière
jusqu'à ce que l'on soit satisfait.

Pour modeler le corps, on emploie la même méthode. Comme
nous devons supposer que les amateurs auxquels nous nous adres-
sons ne sont point étrangers aux principes du dessin, nous n'in-
sisterons pas sur des conseils qui pour eux, sans nul doute, seraient
superflus; nous nous bornerons à leur rappeler que, généralement,
une figure doit avoir à peu près six fois la hauteur de la tête; que la
jambe est égale en hauteur à la cuisse; que le bras, en y comprenant
la main allongée, se trouve avoir trois fois la longueur de la tête.

On ne doit pas oublier non plus que, pour qu'une figure soit

(1) Les deux charmants modèles de notre planche sont dus au ciseau habile de
MM. Loyson et Maillet de Paris.

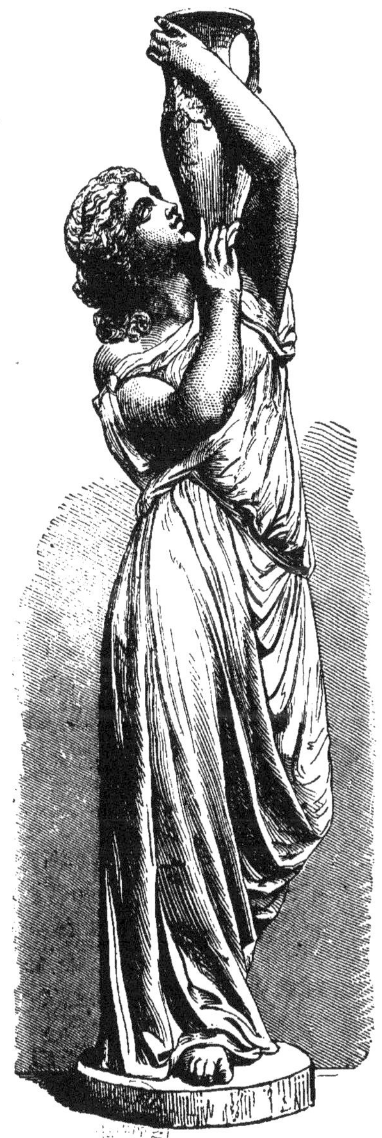

Statue, par M. Maillet.

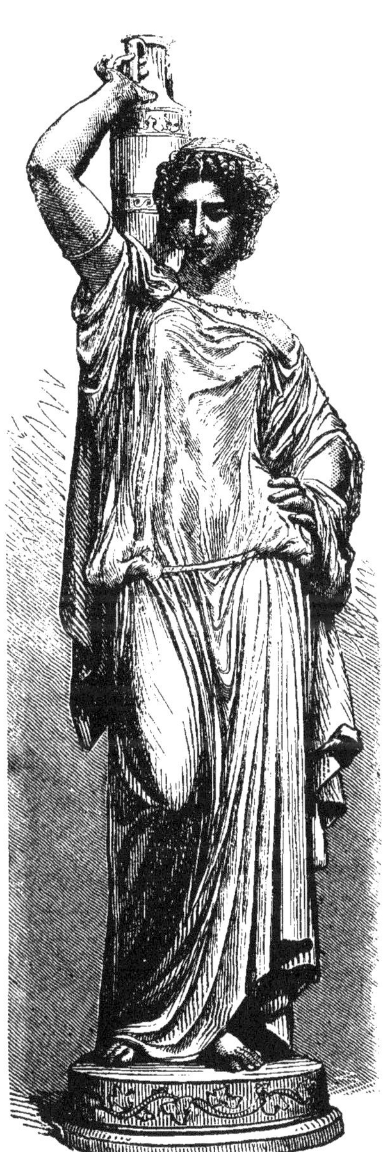

Statue, par M. Loyson.

d'aplomb, il faut que le milieu de la clavicule soit dans l'aplomb de la malléole interne (cheville) de la jambe, sur laquelle le corps est posé.

Au reste, si l'amateur se trouvait embarrassé par la difficulté de la pose qu'il lui faudrait exprimer, il n'aurait qu'à se munir d'un écorché d'Houdon, ou consulter l'excellent ouvrage d'anatomie d'Hippolyte Pauquet, et l'étude qu'il en ferait serait suffisante, au besoin, pour lever ses doutes et le sortir d'embarras.

Nous donnons ici la composition d'une cire à modeler qu'on fera facilement soi-même :

> Cire jaune, 1 livre ;
> Poix de Bretagne, 4 onces ;
> Saindoux, 2 onces ;
> Essence de térébenthine, 1 once.

Mettez le tout dans un vase avec un peu d'eau, et faites bouillir en écumant toujours. On y peut ajouter, si l'on veut, un peu de jaune de chrome pour y donner de l'éclat et du mat. Cette couleur, étant peu agréable, serait préférablement remplacée par d'autres couleurs en poudre, qui donneraient plus ou moins de corps et d'éclat à la nuance qu'on veut obtenir ; nous recommandons néanmoins de choisir des couleurs inoffensives, et d'éviter, par exemple, le blanc de céruse. On prendrait sans aucun inconvénient de l'ocre jaune en poudre avec du blanc de zinc ; on prendrait sans inconvénient n'importe quelle couleur pour obtenir de la cire colorée comme on le voudrait, si l'on savait s'accoutumer à ne pas porter les doigts ou les ébauchoirs à la bouche pour travailler.

On ajoute plus ou moins de saindoux quand on veut que la cire soit plus molle ; on en met moins pour travailler pendant l'été. La cire à modeler du commerce est brun-rouge, couleur qui contient du fer et tout inoffensive, et par conséquent préférable ; on la peut faire verte en employant un vert qui ne puisse avoir d'inconvénient sur la santé. On peut la composer grise avec un mélange de fécule de pomme de terre et de plus ou moins de noir animal. Ces essais sont intéressants et même divertissants à faire pour un amateur ; nous les indiquons ici sommairement ; c'est une étude de coloration qui amusera toute personne de loisir et qui aime à chercher et trouver par elle-même, en se créant ses propres moyens d'études.

Les cires de plusieurs couleurs, sur fond de plâtre coloré, fourniront des moyens de rendre quelquefois certains petits ouvrages plus pittoresques.

La cire vierge blanche, employée et substituée à la cire jaune de la recette précédente et mélangée à des carmins en poudre, donnerait une jolie cire rosée dont on modèlerait des profils sur fond de plâtre d'autre couleur; par exemple, bleu céleste.

Le modelage à la cire s'adapte surtout aux objets qui demandent beaucoup de soin et de fini; elle se travaille de la même façon que la terre, seulement il faut mouiller ses doigts et ses ébauchoirs avec un peu d'huile d'olive ou de salive, afin d'éviter qu'elle ne s'y attache.

La cire, toujours un peu dure quand on commence son travail, s'amollit facilement au contact de la main; le travail terminé, il faut le mettre, ainsi que la cire dont on se sert, dans un endroit frais et qui les préserve de la poussière.

Si l'on veut colorer, après le travail terminé, certaines figurines de cire ou des sujets à fruits et à fleurs, on peut y parvenir avec des couleurs en poudre que l'on tamponne avec du coton à bijoux, en chauffant légèrement l'objet qu'on veut colorer, ce qui fait adhérer les couleurs en permettant de les nuancer, et en conservant l'éclat mat de la cire.

Pour colorier des feuillages ou des parties qui doivent avoir du lustre, on peut employer avec avantage des couleurs qu'on applique au pinceau, après les avoir broyées et délayées au vernis copal dur de Muller, en y ajoutant, au besoin, un peu d'essence de térébenthine.

On dore également la cire en la vernissant superficiellement au copal précédent, et, après complète dessiccation, on applique de l'or au miel en coquille avec un pinceau et de l'eau; on revernit l'or ensuite pour lui donner plus d'éclat et une fixité suffisante.

MOULAGE

Du plâtre à mouler.

Le gypse, que les ouvriers appellent talc, est une pierre à plâtre la plus transparente ; on le purifie en levant les feuillets dont il se compose et en abandonnant le noyau. Ces lames se cuisent sur la plaque de tôle ; la cuisson en est assez prompte. Ce plâtre superfin est d'une blancheur éblouissante, et ne s'emploie que pour les médailles.

Le plâtre du mouleur doit être calciné et très-blanc. La pierre la plus tendre produit le meilleur, et s'appelle roussette. On le cuit dans un four à boulanger, chauffé comme pour le pain ; en douze heures il est cuit convenablement. On doit l'enfermer au sec. Le sel et l'eau chaude le font coaguler plus vite ; on le retarde avec de la colle ou de l'urine.

Pour le gâcher, on aura soin de le remuer lentement et également avec une spatule pour éviter les grumeaux, les soufflures et autres inconvénients.

Au sujet du plâtre, nous dirons qu'on connaît divers moyens de le durcir, entre autre l'alun.

On peut imbiber les objets de plâtre dans l'essence de térébenthine, mêlée à de la cire fondue, et les mettre ensuite au four.

Le stuc s'obtient en gâchant du plâtre avec une dissolution de gélatine ou de colle-forte mélangée de couleurs diverses.

On emploie en certaines occasions, avec avantage, un mastic doux et élastique au lieu de plâtre. On le compose de cire d'arcanson, espèce de résine cuite, et de plâtre fin et tamisé, dont quatre livres, mêlées à une de cire et à une d'arcanson, donnent six livres ; il se fond à un feu doux, prend toutes les formes et les conserve. Mouillés d'un peu d'eau, les morceaux n'adhèrent pas les uns aux autres, et sèchent facilement.

MM. Brian et Saint-Léger ont remporté un prix de 6,000 francs de la Société d'encouragement, pour une matière plastique remplaçant le plâtre, durcissant beaucoup plus et résistant avantageusement aux intempéries de l'air.

Composition : craie, argile, silex calciné et pilé, mêlés tous ensemble à de l'eau, et pétris en boules grosses comme le poing ; on calcine ces boules dans un four à chaux, on les broie en poudre et on gâche le résultat comme du mortier ordinaire, cela durcit à l'air et même sous l'eau.

Des différents procédés applicables au moulage.

Il y a deux espèces de moulage : le moulage *à creux perdu*, c'est-à-dire ne devant servir qu'à la reproduction d'une seule épreuve de l'objet, d'abord modelé en terre ou en cire, car on est obligé de briser ce moule pour en extraire l'original ; puis, le moulage *à bon creux*, qu'on obtient sur cette première épreuve dont on a brisé le moule.

C'est sur cette épreuve, qui se nomme *modèle*, que se forme un moule composé de pièces détachées, ce qui donne la facilité d'en obtenir un nombre d'épreuves illimité.

La première et la plus indispensable qualité du plâtre qui doit servir au moulage, c'est d'être à la fois blanc et pur.

Il faut, pour s'en servir, mettre d'abord dans une sébile la quantité d'eau qu'on juge nécessaire, puis y verser le plâtre peu à peu, en remuant au fur et à mesure avec la spatule.

Il faut aussi avoir soin d'enlever les bouillons qui peuvent se former à la surface.

Une autre précaution à prendre, c'est de ne pas mettre trop de plâtre où moins pourrait suffire, parce qu'il s'épaissirait outre mesure.

Enfin, nous devons recommander de nettoyer de suite tous les outils qui se sont trouvés en contact avec le plâtre.

Comment s'obtient le moule à creux perdu.

On doit d'abord couper avec un fil, sur l'ouvrage en terre, toutes les parties qui risqueraient de se casser, puis former des moules séparés pour chacun de ces morceaux, qui se rajustent plus tard. Il est essentiel d'y indiquer des points de repère, pour ne pas commettre d'erreur lors du *rajustage*.

Le moule (prenons pour exemple un buste) se forme de deux parties. La première comprend à peu près les trois quarts de la tête en commençant par le sommet, passant derrière les oreilles et descendant sur le cou.

On opère cette division du moule au moyen d'une *portée* (petite bande de terre) que l'on applique sur toute la partie qui termine le premier morceau du moule : il est nécessaire qu'elle soit assez épaisse pour avoir une certaine consistance ; on doit l'ajuster avec la plus grande précaution, afin que le modèle ne s'en trouve point endommagé. Pour confectionner ces petites bandes ou *portées,* on prend une planchette, qu'on saupoudre de plâtre afin que la terre ne s'y attache pas, et, par le moyen du couteau, on forme avec cette terre de petites bandes d'une grandeur exacte ; ensuite, afin de leur donner la solidité nécessaire, on confectionne de petites boulettes allongées qu'on pose pour les maintenir l'une contre l'autre, un bout sur la portée, l'autre sur la partie de la tête qui doit former le second morceau du moule.

Toutes les choses ainsi préparées, on commence par le moulage de la première partie du moule.

Il faut que le plâtre préparé soit un peu liquide ; on en prend avec un pinceau et l'on en met avec précaution sur le visage, car c'est la partie qui doit être la plus ménagée ; le plâtre mis, on souffle vigoureusement pour l'étendre et pour empêcher qu'il ne se forme des bulles d'air, puis, toujours avec le pinceau, on continue de faire l'application du plâtre jusqu'à ce que toutes les parties soient recouvertes complétement, et jusqu'à ce que cette première couche soit arrivée à la moitié de l'épaisseur du moule.

Quand on en est là de l'opération, on prend un peu de terre mélangée d'eau, et de ce mélange on enduit la première couche de plâtre qu'on vient d'étendre, afin que la seconde, celle qu'on va mettre, ne puisse adhérer plus qu'il ne faut à la première; alors on prépare du plâtre un peu plus épais que le premier, qu'on applique avec la spatule et avec la main. Pour donner au moule une solidité tout à fait rassurante et pour n'avoir pas à craindre qu'il se casse lorsque le moment sera venu de procéder à son dépouillement, on applique dessus quelques minces bandelettes de fer qu'on entre-croise, et l'on recouvre le tout avec ce qui reste de plâtre, donnant ainsi au moule une forme arrondie qui en double la force.

Une fois cette première partie du moule terminée, on passe à la seconde.

Après avoir enlevé soigneusement la portée, et pour que la seconde partie corresponde parfaitement à la première, on fait sur les côtés du moule de petits trous de forme conique; enfin, pour empêcher que les deux parties du moule ne s'attachent l'une à l'autre, on passe un peu d'huile d'olive avec le pinceau : c'est alors qu'on procède au moulage de la seconde partie, en suivant les indications que nous venons de donner pour la première.

Lorsqu'on a laissé le plâtre sécher à peu près une demi-heure, le moment est venu de séparer le moule. On doit se servir pour cela de la pointe d'un couteau ; quant à la terre, on l'enlève avec les doigts.

Cette première partie de l'opération terminée, on rapproche les deux parties du moule en ayant soin de les relier solidement l'une à l'autre pour que le travail du plâtre, en se faisant, ne puisse défoncer le moule; les choses en cet état, il faut le laisser sécher au moins vingt-quatre heures avant de s'occuper de son nettoyage, qui s'opère avec un pinceau et de l'eau.

Lorsque ce nettoyage est terminé et le moule séché, on l'enduit avec de la liqueur de savon pour empêcher que le plâtre, qui doit être coulé dedans, ne vienne à s'y attacher. On en verse donc en abondance dans l'intérieur, et, quand on juge qu'il est bien imbibé, on dessèche avec un pinceau les endroits où il en pourrait séjourner plus qu'il n'est utile.

Cette liqueur de savon se prépare en faisant bouillir 125 grammes de savon noir dans une demi-pinte d'eau, qu'on écume et qu'on laisse refroidir. Lorsqu'on veut conserver cette liqueur, on la met en bouteille et on la place dans un endroit frais; elle s'emploie à froid.

De la manière dont on opère le coulage du plâtre.

Il ne suffit pas que le moule ait été apprêté avec du savon, on doit, de plus, au moment du coulage, appliquer une couche d'huile d'olive qu'on étend le plus également possible : il arrive parfois que le plâtre absorbe une première couche, de façon à en nécessiter une seconde.

Les deux parties du moule, qui ont dû être séparées pour recevoir ces enduits, en étant bien imprégnées, on prépare du plâtre assez li-quide, et toujours avec un pinceau, on l'applique avec soin dans toutes ses parties, puis on le referme de suite en le liant fortement, et alors, sans attendre que ce plâtre séjourne intérieurement, il faut renverser le moule et en faire tomber le plâtre dans la sébile qui le contenait.

En faisant cette opération, qui doit être exécutée vivement, on doit tourner le moule dans tous les sens, afin que le plâtre s'y attache d'une façon égale ; il faut la répéter quatre ou cinq fois.

Enfin, quand il ne s'agit plus que de remplir le moule, on le fait avec du plâtre un peu moins liquide.

Cette manière de procéder se rattache au moulage d'une tête ou d'un buste ; s'il s'agissait d'une statuette, il faudrait poser, dans le milieu du plâtre coulé dans les bras, les cuisses, les jambes, de petits morceaux de fer destinés à leur donner plus de solidité ; il en est de même de toutes les parties fragiles et délicates, dans l'intérieur desquelles on glisse de petites tringles de laiton ou de fil de fer qu'il faut avoir soin de vernir ou d'enduire avec du goudron, afin que la rouille ni le vert-de-gris ne puisse les attaquer.

Du dépouillement et du réparage.

Lorsque le plâtre est sec, ce qui demande à peu près une demi-heure, on peut commencer le dépouillement de l'épreuve.

La dénomination de *moule à creux perdu* indique suffisamment qu'il faut briser le moule pour en extraire l'épreuve. Voyons de quelle manière on procède à cette opération délicate.

Si le moule est de grandeur minime, on doit le poser sur les ge-
noux, autrement on le placera sur un coussin quelconque, lequel sera
mis sur une table, de façon à lui éviter des secousses qui pourraient
lui nuire.

La partie du visage étant la plus importante, c'est par elle qu'il est
convenable de commencer; pour ouvrir le moule, on se sert d'un
ciseau émoussé, sur lequel on frappe à petits coups avec un maillet
en bois.

Cette première enveloppe une fois ôtée, on enlève les bandelettes
de fer et l'on poursuit le dépouillement.

C'est alors qu'il est bon de redoubler de soin, car c'est le moment
où apparaissent, les unes après les autres, les différentes parties de
l'épreuve; il faut donc frapper avec beaucoup de précaution et faire
le calcul des parties qui doivent être enlevées, d'après la forme du
modèle.

Ainsi se fait et se brise le *moule à creux perdu* qui sert à conserver le travail de la terre. Tout n'est pas fini cependant, car, si bien
réussie que puisse être l'opération, il est indispensable que le sculpteur répare les fautes qui ont pu être faites par le moulage ou qui
existaient avant cette opération, et dont il s'aperçoit seulement sur
l'épreuve moulée. Pour le réparage, on se sert d'ébauchoirs en bois
et en acier; s'il s'agit d'ajouter du plâtre dans certaines parties qu'on
trouve mal comprises ou mal venues, on commence par y pratiquer
de petites incisions, puis on les humecte abondamment et on y ajoute
du plâtre un peu liquide, et, avant qu'il soit devenu trop dur, on le
répare, c'est-à-dire qu'on amène les parties retouchées au point dé-
siré. En ce qui concerne les parties détachées qui ont été moulées à
part, on les rajuste en se servant du procédé que nous avons indiqué
précédemment.

Du moulage à bon creux.

C'est sur l'épreuve dont nous venons de nous occuper, laquelle est
obtenue dans le moule à creux perdu, que s'obtient le moule *à bon*

creux, c'est-à-dire celui qui doit servir à la reproduction d'un nombre indéterminé d'épreuves.

Voyons quels sont les procédés à l'aide desquels on obtient ce moule.

D'abord, on doit commencer par bien savonner le modèle, qu'on laisse ensuite sécher complétement, après quoi, et comme le moule à bon creux se compose de pièces détachées, on doit d'abord se livrer au calcul nécessaire pour que chaque pièce puisse être dépouillée facilement. Ainsi, par exemple, dans une tête, le nez doit se composer de deux pièces, dont l'une sera retirée à gauche et l'autre à droite.

Lorsqu'on est définitivement arrêté sur la manière dont les premières pièces seront disposées, il faut étendre de l'huile d'olive sur la partie dont la première doit se trouver formée, puis y appliquer légèrement le plâtre; ce plâtre une fois séché, la pièce doit être détachée avec précaution, puis façonnée, taillée carrément et posée de nouveau sur le modèle, afin de voir si elle est bien réussie; s'il en est ainsi, on la retire et on la savonne, on la laisse sécher quelques minutes, enfin on la replace sur le modèle; puis l'on commence le travail de la seconde partie, après avoir enduit avec de l'huile la portion dont on va s'occuper et aussi les côtés de la pièce voisine.

Dès qu'on en est arrivé à couvrir ainsi une partie du modèle, on doit former d'autres pièces, qu'on place par-dessus les premières, en ayant la précaution de percer de petits trous dans les unes et dans les autres, afin de servir de point de repère. Ce travail nécessite beaucoup de soin et d'habileté, si l'on veut éviter qu'il y ait un intervalle entre chaque pièce; car c'est là ce qui forme sur l'épreuve de petites lignes saillantes qui doivent être enlevées après, et qu'on désigne sous le nom de coutures.

Pour obtenir un moule plus solide, il faut le passer à l'huile grasse; mais cela change beaucoup l'opération, car l'huile grasse est longue à sécher, et l'on ne peut commencer le coulage du plâtre avant que le moule soit complétement sec.

Du coulage du plâtre dans le moule à bon creux ; de la manière de monter les épreuves, et de l'enlèvement des coutures.

Chacune des pièces du moule doit être enlevée séparément avec soin, revêtue d'huile à l'aide du pinceau, et remise en place au fur et à mesure, après quoi on lie fortement le moule, et, lorsque toutes ces préparations sont terminées, on commence l'opération du coulage de la même façon qu'il a été dit plus haut pour le coulage du plâtre dans le moule à creux perdu.

Les épreuves qu'on peut obtenir dans le moule à bon creux sont de deux espèces, creuses ou pleines ; si l'on veut une épreuve creuse, on met la seconde couche de plâtre peu abondante, puis on ferme l'ouverture. Si, au contraire, on désire avoir une épreuve pleine, on remplit tout à fait le moule. Enfin, lorsque le plâtre est assez sec, on opère le dépouillement de l'épreuve, en ayant soin de numéroter chaque pièce avant de l'enlever.

Le montage de l'épreuve est une opération fort délicate, pour laquelle il faut beaucoup de soin et d'intelligence.

Il s'agit, en effet, de rattacher après la pièce principale les bras, les draperies et tous les autres accessoires, qui ont dû être moulés séparément.

Comme nous l'avons expliqué en parlant de la monture du modèle, pour faciliter cet ajustage, il a fallu faire sur la pièce principale des entailles qui correspondent à d'autres entailles pareilles incisées sur les pièces accessoires aux endroits où elles doivent se joindre à la pièce principale.

Une fois ajustées les unes aux autres, et après avoir humecté fortement les deux parties, on les fait tenir ensemble au moyen de plâtre clair coulé dans l'intérieur, enfin on enlève les bavures qui résultent de cette opération avant que le plâtre soit tout à fait sec.

Ces bavures ou coutures s'enlèvent avec des ébauchoirs en bois ou en acier, on les unit ensuite avec un morceau de peau de chien.

Si l'on veut mouler sur nature, soit une portion du corps, comme un bras, une jambe, ou le masque d'une personne, il faut d'abord passer de l'huile sur la partie qu'on désire avoir, après quoi on étend une couche de plâtre liquide avec le pinceau, et en même temps on pose sur cette première couche des fils destinés à séparer les différentes parties de la chose moulée au moment où l'on voudra en faire le dépouillement ; ensuite on épaissit la couche de plâtre, et peu après, sans laisser au plâtre le temps de durcir, on enlève les fils, qui coupent et séparent le moule en autant de parties. L'épreuve à creux perdu s'obtient dans ce moule ainsi préparé, quand il a été rajusté convenablement pour supporter le coulage du plâtre.

Enduit conservateur des matières plastiques. — Enduit pour le marbre.

Praxitèle avait inventé un vernis (*circumlinitio*) dont parle Pline. De notre temps, on a imaginé l'opération de la *silicatisation*. Plusieurs statues du Louvre ont subi cette opération, qui durcit la pierre de Conflans ou autre pierre statuaire.

L'enduit conservateur des statues et bas-reliefs se fait ainsi :

Prenez de l'huile de lin pure, que vous convertissez en savon au moyen de la soude caustique ; ajoutez-y une forte solution de sel marin, et poussez la cuisson du tout jusqu'à la densité d'un savon liquide nageant en petits grains à la surface ; versez le tout sur un carrelet, et quand le savon est bien égoutté, vous le pressez pour en exprimer le plus de lessive possible ; alors on le fait dissoudre dans l'eau distillée et on le passe dans un linge fin. D'autre part, dissolvez dans l'eau distillée 80 parties de sulfate de cuivre et 20 parties de sulfate de fer du commerce, filtrez, et après en avoir fait bouillir une portion dans un vase de cuivre, on y verse peu à peu la solution de savon, jusqu'à ce que la solution métallique soit entièrement décomposée. Ce point de décomposition étant atteint, une nouvelle quantité de sulfate de cuivre et de fer doit être versée dans le vase, la liqueur agitée de temps en temps et portée à l'ébullition. De la sorte, le savon, sous forme de flocons, se trouve lavé dans un excès de sulfate, après quoi il doit l'être successivement à grande eau bouillante et à l'eau froide, puis il est pressé dans un linge pour l'essuyer et le sécher, et c'est dans cet état qu'on l'emploie comme il suit :

Faites cuire 1 kilog. d'huile de lin pure avec 250 grammes de litharge en poudre fine, passez le tout et laissez déposer à l'étuve, il clarifie.

Prenez ensuite :

> 300 grammes d'huile de lin cuite ;
> 160 de savon de cuivre et de fer ;
> 100 de cire blanche pure.

On fait fondre le mélange à la vapeur ou au bain-marie, dans un pot en faïence, on le tient fondu pour laisser dégager le peu d'humidité qui s'y trouve et on fait chauffer le plâtre de 80 à 90 degrés centigrades dans une étuve, puis on l'en retire et on y applique le mélange fondu.

Lorsque le plâtre se refroidit assez pour que le mélange n'y pénètre plus, on le remet à l'étuve, on le chauffe de nouveau comme précédemment, et on continue d'y appliquer la couleur grasse jusqu'à ce que le plâtre en ait absorbé assez ; on le remet quelques instants encore à l'étuve pour qu'il ne reste pas de couleur à la surface et que les finesses de la sculpture ne s'empâtent pas. Cette opération terminée, on le retire de l'étuve, on le laisse refroidir à l'air et à couvert pendant quelques jours, jusqu'à ce qu'il ait perdu l'odeur de la composition ; on frotte alors avec du coton ou un linge fin, et le travail est achevé.

En mettant de l'or coquille sur les points en saillie et les préparant ensuite comme on l'a dit, on obtiendrait la patine antique avec le bronze métallique apparent dans les endroits bossués. Une plus grande quantité de savon de fer donnerait la patine rougeâtre.

Le savon de fer seul donnerait la patine rouge brun. Les savons de zinc, bismuth et d'étain imiteraient le marbre blanc.

Autre procédé.

Mettez six kilogrammes d'alun dans trois litres d'eau et chauffez jusqu'à dissolution de l'alun ; on plonge les plâtres, qui doivent être bien secs, dans ce mélange pendant trente minutes ; laissez bien égoutter. Quand les objets sont bien secs, vous versez de nouveau, et à plusieurs reprises, la solution sur eux, et vous en tamponnez la surface avec une éponge, la mouillant ainsi, et répétant l'opération jusqu'à ce que l'alun ait formé dessus une couche cristalline ; laissez sécher, et passez-y ensuite du papier sablé et du linge pour le polir.

Pour bronzer les sculptures, les médailles ou les plâtres, on se sert de mine de plomb broyée à l'huile grasse avec une légère addition de vert de cobalt ou de vert émeraude. Après avoir bien saturé le plâtre avec l'huile grasse, qu'on a légèrement teintée de terre de Sienne brûlée, on fait sécher au soleil pour que ce premier enduit soit plus également absorbé. Au bout d'une heure, on donne la couche de mine de plomb avec un pinceau doux, plat, et ferme. Comme l'imbibition de la première préparation a déjà fixé la première teinte rouge, on peut facilement, en frottant un peu à sec les parties les plus saillantes, la laisser dominer si l'on veut, et les creux peuvent ensuite être légèrement empreints de bleu de cobalt ou d'outremer factice, un peu verdi

---

Moulage sur nature vivante (1).

Si l'on veut mouler quelque portion entière ou de ronde-bosse, comme un pied, une main, une jambe, on frotte d'abord légèrement

(1) Mais avant d'aller plus loin dans les essais qu'on ferait sur nature, il est très-bon de s'exercer sur des bas-reliefs ou des camées. On apprendra par là qu'un bas-relief et même un camée ne permettent pas toujours de mouler aussi simplement qu'on pourrait le croire, c'est-à-dire qu'il ne suffit pas toujours de couvrir l'objet de terre glaise ou de cire, qu'on repousse avec soin et qu'on fait pénétrer dans tous les enfoncements, ou bien de couler du plâtre liquide sur l'objet, de l'y laisser durcir, et ensuite de relever ces creux pour en tirer les répétitions des originaux. Il faut avant tout s'assurer que l'objet qu'on en veut tirer est de dépouille.

Il est toujours de dépouille toutes les fois qu'il ne présente pas dans son travail des cavités dont le fond est plus large que l'ouverture, ou bien lorsqu'il n'existe pas de parties rentrantes en dessous, comme pourrait en donner une boule, par exemple, engagée sur un fond, mais dont la saillie dépasserait la moitié de son diamètre. Un demi-globe est toujours de dépouille comme une demi-colonne, un demi-œuf. Le moyen de remédier à l'inconvénient de ce qui n'est pas de dépouille, est de faire

d'huile la partie qu'on veut mouler ; on pose ensuite au pinceau, avec du plâtre passé au tamis de soie et bien gâché, une première impression qui pénètre partout ; on place sur cette couche, assez mince, des fils un peu plus forts, disposés de manière à pouvoir, en les retirant, couper la seconde couche de plâtre dont on les couvrira, de façon à diviser le moule en autant de morceaux qu'on aura jugé utile de le faire. On laisse prendre le plâtre, mais, pour le couper facilement au moyen des fils, il faut qu'il soit encore un peu mou ; ces sections, faites à propos et bien perpendiculairement à la surface de l'objet sur lequel on opère, empêchent les pièces du moule de se joindre, et si elles sont encore un peu adhérentes, le moindre effort pourra les séparer quand on voudra tout enlever. L'essentiel est de disposer les fils avec un tel soin, que les pièces que leurs sections produiront soient ce qu'on appelle de dépouille, c'est-à-dire, puissent s'enlever carrément et glisser hermétiquement sur les voisines, mais sans gêne et sans risque de se déformer elles-mêmes.

On enduit légèrement d'huile toutes les faces intérieures du moule, on les rapproche, on les joint fortement, on fait le coulage et on brise le moule, attendu que les parties qui ont pu être de dépouille sur la nature, à cause de la souplesse des chairs, ont donné des empreintes qui peuvent retenir ensuite le plâtre coulé et devenu solide. Il faut attendre que la première couche de plâtre posée sur les chairs ait assez de consistance pour que le poids de la seconde addition n'altère pas les formes.

On s'exercera en moulant d'abord le dessus d'une main ou d'un pied, posés à plat, sur un morceau d'ardoise.

On disposera les fils en croix sur la main, par exemple. En supposant que tous les doigts demeurent réunis ensemble, ce qui est la condition la plus facile, un des fils sera posé sur l'ongle du doigt du

un moule en plusieurs morceaux. On apprendra donc à faire un moule à pièces sur des objets de plâtre avant d'opérer sur le modèle vivant.

A l'occasion des objets moulés, on ne sera pas fâché de connaître un moyen de recoller les bosses ou les plâtres cassés. On prend simplement du blanc de céruse ou de plomb broyé à l'huile dont on enduit les fragments qu'on veut rejoindre, et on les rajuste en ayant soin de ne pas les abandonner à eux-mêmes avant que le blanc ne soit sec ; on peut mêler au blanc un peu d'huile grasse pour qu'il sèche plus vite.

milieu et s'étendra jusque sur le haut du poignet, tandis que l'autre lui sera perpendiculaire et traversera la largeur de la main dans sa partie la plus large. Ce croisement déterminera quatre pièces ou coquilles creuses, dans lesquelles les doigts seront engagés, et qui ne seront pas trop malaisées à enlever de dessus la main. Même disposition des fils pour un pied.

Plus le membre qu'on veut mouler a de mouvements, selon la pose qu'on lui donne, et plus l'opération se complique et exige de pièces, surtout s'il est en ronde-bosse.

Pour mouler le visage d'un personne vivante, il faut opérer de la même manière, avec quelques précautions que nous allons indiquer. Au lieu d'huile, on emploie le beurre pour graisser toute la figure, et l'on en met plus épais aux endroits velus, tels que les sourcils, les cils, etc. On dispose dans les narines et dans la bouche de petits tuyaux de paille pour la respiration ; on donne la couche de plâtre, on dispose convenablement les fils comme on a dit précédemment, et on continue d'opérer comme ci-dessus.

Pour prendre l'empreinte des petits animaux, tels que lézards, grenouilles, oiseaux et même celle des fleurs ; après avoir mêlé au plâtre une certaine quantité d'argile ou de terre de pipe, on en enveloppe l'objet à mouler, et l'on ménage dans le moule un petit canal et un conduit pour le dégagement de l'air. Le moule étant terminé et bien sec, on le cuit : l'animal, étant consumé dans l'intérieur et réduit en cendres, sort par l'ouverture, qui sert ensuite à y couler du métal.

Le sculpteur Chantrey donne un moyen du même genre pour reproduire en fonte les branches, les fruits et les parties les plus délicates des végétaux. Il consiste à suspendre par une extrémité l'objet qu'on veut reproduire en bronze dans un petit cylindre de papier fermé par un bout, et qu'on place pour plus de sécurité dans un autre cylindre fait avec une feuille d'étain. On choisit ensuite du limon de rivière le plus fin que l'on puisse trouver, on le mêle avec de l'eau jusqu'à consistance de crème, on le verse à plusieurs reprises dans le cylindre de papier de manière à ce que toutes les parties délicates et creuses du végétal en soient parfaitement couvertes et remplies, et que tout l'air interposé s'échappe en bulles à la surface ; on fait ensuite sécher le tout par degré ; le moule prend par sa nature argileuse un retrait uniforme dans toute son étendue sans altérer les empreintes qu'il contient. Quand il est parfaitement sec, on chauffe graduellement jusqu'au rouge. Il est nécessaire, à l'extrémité de chaque feuille, tige ou racine, de pratiquer dans le moule de petits trous avec des épingles pour faire office d'évents, et de ménager à la partie inférieure, sous la tige, un conduit de quelques millimètres de diamètre ; et quand le moule est rouge, on dirige par ce conduit un courant d'air chaud qui purge l'intérieur du moule de tous les résidus de l'incinération de la plante ; et toujours quand le moule est encore, on y introduit un filet mince de bronze en fusion parfaite qui, par sa pesanteur, chasse devant lui l'air, qui s'échappe par les évents ou le comprime dans la substance poreuse qui constitue le moule. On suppose que c'est par un procédé du même genre que Bernard Palissy a moulé une grande partie des petits animaux, des poissons, des coquillages et des fruits dont il a orné en haut-relief ses belles faïences.

Des terres cuites et des procédés nécessaires pour les obtenir.

La *terre cuite* est le travail même de l'artiste, son œuvre, sa sculpture en terre rendue inaltérable par la cuisson.

Pour en arriver à ce résultat, on procède ainsi :

Lorsque le travail du modelage est exécuté en terre, on le laisse sécher ; mais, pour qu'il sèche également, on doit humecter les parties qui, par leur peu d'épaisseur, sont destinées à sécher avant les autres.

Il est nécessaire de bien s'assurer aussi qu'il n'existe pas de fentes sur l'ouvrage en terre, car la chaleur pourrait, en ce cas-là, en amener la destruction ; après que tout est ainsi préparé, on peut le mettre dans un four à cet usage.

Comme la dessiccation fait toujours perdre à la terre un septième de son volume à peu près, il est important de faire ce décompte lorsqu'on veut arriver à une grandeur donnée.

Quand on destine son travail à la cuisson, il n'y faut mettre aucune armature ; les supports destinés à soutenir les parties isolées doivent se faire alors en terre pareille à celle de la sculpture.

Des procédés à l'aide desquels on peut nettoyer, bronzer, dorer, argenter, colorer le plâtre.

Pour nettoyer les plâtres salis par la poussière et leur rendre leur aspect primitif, il faut les saupoudrer de plâtre sec qu'on étend avec un pinceau dans toutes les cavités.

Afin d'éviter au plâtre le désagrément d'une salissure qu'amène toujours le temps, on peut, sur une épreuve bien sèche, passer quelques couches d'huile grasse qui lui donne une teinte analogue à celle du papier de Chine sur lequel se tirent les belles épreuves en gravure. Une fois cette qualité acquise aux plâtres, la poussière n'a plus nulle action sur eux.

On arrive très-facilement à obtenir l'imitation de tous les genres de bronze sur le plâtre en s'y prenant ainsi :

Pour imiter le bronze vert, on prépare le plâtre avec du jaune de chrome et du bleu de Prusse délayés à l'huile ; il faut passer ensuite les poudres d'or faux (appelées bronze jaune) qu'on étend avec le pinceau. S'il s'agit de bronze antique, le plâtre doit être préparé avec une couche d'huile grasse, mélangée de terre de Sienne brûlée, après quoi il faut laisser sécher quelque peu, et ensuite appliquer de la mine de plomb et du vert émeraude broyé à l'huile ; un peu de cobalt et de vert émeraude mélangés doivent être étendus dans les parties creuses.

Pour le dorer ou l'argenter, on doit d'abord le préparer avec deux ou trois couches d'huile grasse mélangée d'un peu de vermillon, et, lorsque le plâtre a perdu sa qualité absorbante, l'enduire d'un mordant à dorer qu'on passe également partout avec un pinceau.

Lorsqu'il ne s'agit plus que d'étendre l'or ou l'argent en feuilles, voici comme il convient de s'y prendre, en ayant soin de se munir d'abord des objets nécessaires, c'est-à-dire d'un coussin à dorer et d'un couteau destiné pour cet usage :

Il faut renverser le livre qui contient soit les feuilles d'or, soit celles d'argent sur le coussin ; lorsque la feuille dont on va se servir s'y trouve posée, on la divise en portions égales avec le couteau, puis, avec un petit pinceau plat et légèrement enduit de pommade, on applique sa feuille sur le plâtre, en ayant soin de l'appuyer un peu avec du coton, et l'on continue ainsi jusqu'à la fin de l'opération, en unissant les unes contre les autres toutes les petites fractions de feuilles dorées ou argentées qui sont nécessaires pour couvrir entièrement le plâtre. Ainsi préparée, une épreuve peut se conserver très-longtemps sans nulle altération.

La meilleure façon de colorer le plâtre est de lui donner cette teinte soufrée dont l'aspect est si doux à l'œil, et dont la nuance harmonieuse et fine fait valoir l'épreuve qui en est revêtue.

Pour en arriver là, il suffit de mélanger un peu d'ocre dans le plâtre dont on doit se servir pour le moulage. On doit l'y mêler quand il est sec, et ne pas en être prodigue. Comme on ne peut pas indiquer la quantité très-minime qu'il en faut mettre, le seul moyen de remédier au manque d'habitude, c'est de faire des essais en mouillant le plâtre mélangé d'ocre et le laissant sécher, afin de s'assurer de la légèreté du ton qui doit être employé. Pour certaines choses, la teinte un peu rougeâtre devant mieux faire que la teinte safranée, on peut en varier les nuances comme on le désire en employant l'ocre jaune ou l'ocre rouge mélangés de manière à produire tous les tons gradués entre le jaune soufre et le rouge brique.

Remarque. Pour faire sécher presque instantanément un peu de plâtre coloré et s'assurer du degré de force de la couleur, il suffit de le poser sur un pain de blanc d'Espagne, la dessiccation a lieu immédiatement.

PROCÉDÉS DIVERS

Manière de prendre des empreintes en creux et en relief.

On prend l'empreinte des médailles, des pierres gravées, des cachets, des monnaies, à très-peu de frais, par les procédés qui suivent :

Au moyen de la cire a cacheter. — Ce moyen est, sans contredit, le plus simple, ou plutôt le plus connu ; mais la cire est d'un prix élevé et d'une nature très-cassante ; elle ne sert, à proprement parler, que pour prendre des empreintes de cachets, ou autres gravures en creux, sur des cartes à jouer qui les maintiennent.

D'après Mariette, habile graveur sous le règne de Louis XIV, au lieu de cartes à jouer, il faut se servir d'une simple feuille de papier bien uni, pour y appliquer la cire ; mais pour le faire avec soin et avec propreté, on la fera fondre au bain-marie, dans une assiette de cuivre ou de terre vernissée, etc., et, lorsqu'elle sera suffisamment échauffée, l'on y posera dans le fond un morceau de papier bien sec, sur lequel on répandra de la cire, qu'on aura ramollie en l'exposant au feu et non en la présentant à la flamme d'une bougie : on évite, par ce moyen, que la fumée ne s'attache, comme il est d'ordinaire, au bâton de cire et n'en altère la couleur. On tiendra pendant quelque temps la cire en fusion, on la remuera et, quand on verra qu'elle est bien unie et bien lisse, on y imprimera le cachet.

Au moyen de la cire molle (*Voyez* sa composition, p. **26**). — On la tourne entre les doigts pour la ramollir, on en couvre soigneusement la médaille, mouillée préalablement, et l'on pousse par-dessus une feuille de papier fort. On enlève l'empreinte, qui apparaît en creux. Pour avoir les objets en relief, on y coule du plâtre fin, comme il sera dit ci-après.

Au moyen de la cire fondue. — On fait fondre de la cire vierge, ou colorée avec du vermillon, au bain-marie, dans un vase de fer-blanc ou de cuivre bien propre; l'on plonge dans la cire, ayant la chaleur nécessaire pour rester liquide, la médaille, sur laquelle il se forme une petite couche transparente, qui en laisse apercevoir toutes les parties. On laisse un peu prendre la cire et l'on enlève avec une lame de canif toutes les parties qui débordent la médaille. Ensuite, avec une brosse ou un pinceau, on applique une couche épaisse de plâtre délayé dans l'eau, pour maintenir la cire. Quand le plâtre est durci, on enlève la médaille en soulevant un peu le pourtour avec la pointe d'un canif. Enfin, on coule du plâtre dans l'empreinte, qui est en creux, en procédant de la manière suivante.

Au moyen du platre. — Il faut prendre du plâtre de mouleur pulvérisé, que l'on passe au tamis de soie très-fin; on noie ce plâtre tamisé dans l'eau, que l'on agite assez doucement pour ne pas exciter des bulles d'air; ensuite, on frotte la médaille ou la pierre gravée légèrement avec de l'huile, qu'on essuie avec du coton (1); puis l'on entoure cette médaille ou pierre gravée d'un ruban de cire, ou d'une carte, ou d'une petite lame de plomb laminé, qu'on lie avec de la petite ficelle ou du fil de laiton cuit pour contenir le plâtre. Cela fait, on verse doucement son plâtre délayé sur le modèle préparé; on le laisse sécher et prendre. Lorsqu'il est sec, il se détache facilement. C'est un moule bien marqué dont on peut se servir pour obtenir une copie en relief, soit en plâtre, soit en soufre. Mais il est à observer que, lorsqu'on tire souvent plâtre sur plâtre, les proportions se perdent, les objets s'agrandissent; ce qui est produit par l'action du plâtre, dont la propriété est d'occuper en séchant un plus grand volume.

Au moyen du soufre. — On fait fondre dans une cuiller de fer bien propre, sur un feu modéré, autant de soufre qu'on désire en em-

---

(1) Il est utile de faire observer que, lorsque le moule sur lequel on tire est de marbre, il faut se servir de saindoux et non pas d'huile, parce que l'huile, pénétrant par les pores du marbre, la tacherait.

ployer, et lorsque le soufre sera liquéfié, on y jettera la couleur dont on voudra le colorer. Sur 31 grammes de soufre, on ne peut mettre moins de 16 grammes de couleur, autrement le soufre serait trop pâle. Le cinabre, la *terre verte,* l'ocre jaune, le massicot, ainsi que le noir de fumée, sont, de toutes les couleurs, celles qui s'incorporent le mieux avec le soufre. La mine de plomb produirait aussi une teinte très-flatteuse à la vue, mais elle s'allie difficilement au soufre.

La couleur étant jetée dans le soufre, on aura soin d'agiter continuellement le mélange pour opérer l'incorporation de la couleur, et afin que le soufre ne s'attache pas à la cuiller et ne brûle pas. Pendant ce temps il se forme, sur la surface du soufre, une espèce de crasse ou d'écume qu'on enlève avec une spatule ou avec la lame d'un couteau. Au bout d'un demi-quart d'heure, on verse le soufre sur une feuille de papier huilé ou sur une feuille de fer-blanc bien plane, et l'on y laisse refroidir. On obtient ainsi un gâteau de soufre.

Veut-on faire des empreintes en creux, on coupe un morceau de ce gâteau de soufre, on le fait fondre une seconde fois dans la cuiller de fer, toujours sur un feu doux, modéré ; on le remue pour l'empêcher de brûler, on en enlève encore la crasse, s'il en paraît, et l'on en verse doucement sur la pierre gravée, huilée et entourée d'un morceau de carte fine ou de papier fort, et ficelée.

A peine le soufre aura-t-il été versé qu'il commencera à se figer, mais, sans lui en donner le temps, et lorsqu'on verra qu'il se sera déjà formé sur la surface de la pierre une légère couche de soufre figé, on survidera promptement dans la cuiller le soufre, encore liquide, pour le reverser de suite et remplir le creux ou godet formé par la carte. C'est ainsi qu'on évite les soufflures.

Quelque temps après, le soufre étant pris, on renverse la médaille, et l'empreinte se détache d'elle-même, ou en la secouant un peu (*Dict. encyclopédique*, t. XII, p. 292).

Si la pierre était gravée en creux, l'empreinte ainsi obtenue est en relief, et rien, comme on le voit, n'est plus simple pour arriver au but. Il n'en est pas tout à fait de même pour prendre des empreintes sur des gravures en relief.

Il faut d'abord tirer une empreinte en creux, qui servira ensuite à faire l'empreinte en relief. Voici différentes manières de procéder.

Vous recommencez à couler de la même manière dans le creux du soufre, après l'avoir saupoudré de talc en poudre, dans la crainte que le soufre coulé ne s'incorpore avec le creux ; vous aurez alors la médaille parfaitement moulée en relief.

Mais, comme le talc altère l'empreinte, il vaut mieux couler dans le soufre un peu mouillé de la cire colorée, ou un mastic fusible à une faible chaleur. Si l'objet moulé est d'une certaine dimension, vous pouvez couler dans ce creux de soufre du plâtre parfaitement cuit et très-fin, que vous gâcherez extrêmement clair ; mais il est fort important de choisir du plâtre qui ne s'échauffe pas en gonflant, car on sent qu'alors il agirait sur le soufre, l'amollirait et détruirait ainsi la délicatesse des traits. La chaux sulfatée cristallisée pure est la matière qui convient le mieux (Voy. *Manuel du Mouleur,* par Lebrun).

En un mot, pour faire une empreinte avec du plâtre fin, il faut que le relief de la médaille soit plat ou de très-basse taille ; s'il présentait des parties saillantes et travaillées en dessous, le plâtre se logerait dans les cavités et y resterait inévitablement lorsqu'on voudrait le détacher de la pierre gravée ; l'empreinte alors serait fort imparfaite ; dans ce cas, il faut estamper, en tirer l'empreinte avec de la mie de pain ou de la gélatine, qui est encore la meilleure matière plastique que nous connaissions.

Au moyen de la mie de pain. — Il faut choisir de la mie de pain très-tendre et peu cuite ; on la prend entre ses doigts, on la manie et remanie à plusieurs reprises, jusqu'à ce qu'elle commence à devenir pâteuse ; on y mêle alors un peu de vermillon ou de carmin, on la repétrit encore, et, quand on est parvenu à la rendre bien molle et bien souple, on y imprime le relief, qu'on retire sur-le-champ. L'empreinte se trouve faite et assez bien formée, car la pâte de mie de pain a une espèce de ressort naturel qui fait qu'elle se prête sans se déchirer, et, comme elle embrasse assez exactement un relief dans toutes ses parties, elle s'en sépare aussi sans former aucune résistance.

En peu de temps cette pâte se durcit et elle acquiert assez de consistance pour devenir elle-même un moule capable de fournir une empreinte avec le plâtre ou le soufre liquide.

Au moyen de la gélatine ou colle forte. — Ce moyen est encore indiqué dans le même volume de *l'Encyclopédie,* publié en 1777, ce qui n'a pas empêché plusieurs artistes de nos jours de se donner pour les véritables inventeurs. Nous ajouterons qu'ils ne lui ont pas même donné l'apparence d'un perfectionnement. Quoi qu'il en soit, ce moyen de moulage est encore très-simple, très-facile pour mouler d'après nature, et nous allons l'apprendre d'après le *Manuel du Mouleur,* par M. Lebrun.

Après avoir fait tremper pendant vingt-quatre heures la gélatine dans une suffisante quantité d'eau, on la fait fondre sur le feu et réduire, de manière qu'étant refroidie elle produise une gelée épaisse. On emploie cette matière à faire des creux, dans lesquels on coule ensuite du plâtre ne contenant pas de carbonate de chaux ou même de la cire à peine liquide, et par un temps très-froid. Le principal avantage de la gélatine consiste dans son élasticité ; elle s'insinue liquide dans les parties qui ne sont pas de dépouille facile. Sa flexibilité permet de l'en tirer sans altération, et son élasticité la ramène de suite à la même place.

Lorsqu'on veut faire le creux en gélatine d'un objet quelconque, supposons un petit poisson, on plonge plusieurs fois l'objet dans la matière liquide, jusqu'à ce qu'elle commence à présenter le caractère de gelée tremblante. On lui donne ainsi l'épaisseur que l'on juge à propos. On agite ensuite pour opérer la dépouille des creux moulés sur nature. On partage le moule en coquilles avec un fil ; mais la manière d'opérer présente une différence. Le fil n'est pas mis à l'avance, car on sent qu'il serait impossible et inutile à la fois de prendre cette précaution sur de très-petits objets. Le fil s'applique lorsque l'objet est moulé et la gélatine prise. On dépouille ensuite avec facilité.

Le moulage de la colle forte s'opère exactement de la même façon.

Composition d'une cire pour tirer les empreintes des pierres gravées. (*Dict. encycl.,* tom. XII, p. 295.) — Sur 31 grammes de cire vierge, que l'on fait fondre lentement dans un vaisseau de terre vernissée ou de cuivre, on met 4 grammes de sucre candi broyé très-fin ; alors la cire devient tout à fait liquide. On y jette 16 grammes de noir de fumée calciné et 2 ou 3 gouttes d'essence de térébenthine et l'on remue ce mélange ; on le retire du feu pour le laisser refroidir, et on en fait un pain. Quand on veut se servir de cette cire, on en pétrit un morceau entre les doigts ; on mouille la pierre et on l'applique sur la cire pour en tirer l'empreinte, qui se trouve faite avec beaucoup de précision.

Autre composition perfectionnée par M. Vandamme :

Cire jaune en morceaux. . . .	500 grammes.
Racine d'orcanette concassée. .	48 —
Essence de térébenthine. . . .	1000 —

On met la cire dans un pot de faïence ; d'un autre côté, on fait infuser pendant dix minutes la racine d'orcanette dans l'essence de térébenthine ; on passe à travers une toile serrée ; on verse la liqueur sur la cire ; on laisse le mélange pendant vingt-quatre heures. Alors la cire est complétement dissoute ; il ne suffit plus que d'agiter la composition avec une spatule en bois.

Manière de tirer l'empreinte des médailles sur le papier. (Encyclopédie, tom. V, p. 205.) — On commence d'abord par faire une empreinte, la plus nette qu'il est possible, sur la cire à cacheter, et on ôte exactement toute la cire qui déborde la médaille, soit avec des ciseaux, soit avec la pointe d'un canif.

Lorsque cette empreinte est bien faite, on prend, au bout d'un pinceau très-délié, de l'encre dont se servent les imprimeurs en taille-douce, et on en met avec adresse dans toutes les lettres et dans tous les creux, qui forment le relief de la médaille. Comme il est impossible de le faire avec assez d'exactitude pour ne pas mettre un peu de noir sur les parties élevées, on prend un petit linge que l'on assujettit bien ferme au bout du doigt, et, en le passant légèrement sur la médaille, on la nettoie assez exactement pour qu'il ne reste plus de noir que dans les lettres et les autres creux de la médaille. Pour achever de nettoyer bien parfaitement la médaille, on passe le doigt légèrement sur du blanc bien doux, comme du blanc d'Espagne, et on frotte avec ce doigt la médaille légèrement.

Lorsqu'elle est ainsi nettoyée, on tient tout prêts quelques morceaux de papier plus grands que la médaille, qu'on a trempés dans l'eau afin de les rendre susceptibles de prendre l'impression, ayant soin cependant qu'ils ne soient qu'humides, sans être trop mouillés. On applique un de ces papiers sur l'empreinte, et derrière le papier on met trois ou quatre morceaux de flanelle de la même grandeur, qui, en cédant légèrement, feront entrer le papier dans tous les creux de la médaille et produiront l'empreinte. On prend deux petites plaques de bois bien unies, assez épaisses pour n'être point susceptibles de se courber ; on met la médaille de cire, recouverte du papier et de la flanelle, entre ces deux plaques de bois, que l'on place dans une petite presse à main appelée serre-joints. On serre la vis, on la force même un peu avec un coup de marteau, et lorsqu'on ouvre la presse, on voit l'empreinte de la médaille rendue exactement sur le papier ; s'il y avait quelque trait qui fût un peu manqué, on peut le réparer aisément, lorsque le papier est sec, en se servant d'un pinceau trempé dans de l'encre de Chine.

Procédés pour prendre des empreintes des feuilles et des diverses parties des plantes. — La feuille est placée sur du sable fin humide, dans sa position naturelle, ayant en dessus la face dont on veut voir l'empreinte ; on la met dans le sable de manière à ce qu'elle soit parfaitement supportée ; alors, au moyen d'un large pinceau, on la couvre d'une couche légère de cire et de poix de Bourgogne fondues par la chaleur. La feuille ensuite enlevée du sable est plongée dans l'eau froide ; la cire, devenue dure, permet qu'on sépare la feuille sans altérer sa forme. Le moule de cire est placé dans le sable mouillé comme la feuille l'était en premier lieu ; on le couvre avec du plâtre de Paris fin et gâché clair, en ayant le soin de faire pénétrer le plâtre dans toutes les petites cavités du moule au moyen d'un pinceau. Aussitôt que le plâtre est pris, la chaleur qui se développe amollit la cire qui n'adhère pas au plâtre humide ; en sorte qu'avec un peu d'adresse on parvient aisément à racler la couche de cire, en la détachant du plâtre sans endommager aucune des parties de l'empreinte.

Les empreintes que l'on obtient ainsi sont très-parfaites ; elles ont un relief très-prononcé et sont d'excellents modèles pour le dessinateur.

Manière d'estamper dans les creux.

Avec de la pâte à papier ou du papier pourri ou mâché. — On prend de la pâte qui a été composée de la manière suivante : on laisse pourrir des rognures de papier blanc dans de l'eau, que l'on change souvent pour empêcher la corruption ; lorsque le papier est détrempé, on le retire de l'eau, on le bat dans un mortier pour le réduire en pâte, et, pour cette dernière opération, on le fait bouillir dans une chaudière.

Afin que la pâte ait de la consistance, on y ajoute un peu de colle de farine; la pâte étant ainsi préparée pour les ouvrages même les plus délicats, on la fait sécher, on la râpe, et par ce moyen on a une pâte très-fine qui prend les empreintes les plus fines.

On met de cette pâte dans une terrine avec un peu d'eau; alors on l'étend avec les doigts dans les fonds du moule, de l'épaisseur d'une ligne, le plus également qu'il est possible; ensuite, avec une petite éponge fine, on absorbe l'eau qu'on a été obligé de mettre dans la pâte pour qu'elle s'imprime facilement.

Lorsqu'elle est tout imbibée, et que la superficie du creux est garnie, on passe dessus une couche de colle; on fait après cela sécher le creux à un feu qui ne soit pas trop fort en commençant, de crainte que la pâte ne se déjette. Lorsqu'il se trouve dans les creux des endroits profonds où la chaleur pénètre difficilement, il faut y verser du sable chaud ou de la cendre chaude pour que toutes les parties soient également sèches.

Cette première couche est sèche, lorsqu'en frappant dessus elle se détache du creux; alors on la retire du feu pour mettre les autres couches de papier, qui font la force du carton.

On emploie à cet usage du papier appelé *joseph*, que l'on colle en double, et l'on en couvre la pâte avec de petits morceaux de trois centimètres tout au plus.

Ce papier étant bien appuyé partout, on donne une couche de colle pour recevoir la seconde couche de papier blanc. Celui-ci se colle de même en double comme le premier papier.

La troisième couche doit être en trois doubles, ce qui fait en tout cinq épaisseurs de papier gris et deux de blanc; on donne encore une couche de colle pour remettre ensuite le creux au feu.

Lorsque les morceaux que l'on cartonne sont d'une grande étendue, on met entre la seconde et la troisième couches de papier gris des lames de fer mince pour donner de la force.

Quand le carton est sec, on le retire du feu et on le découpe. Pour coudre les morceaux qui doivent former la figure, on se sert d'un fil d'archal mince et recuit, et, afin que les joints ne paraissent pas, on les couvre de papier collé.

S'il arrivait que les contours fussent altérés, on réparerait cet inconvénient avec de la terre molle ; on collerait du papier blanc par-dessus.

Si l'on veut que le carton soit encore plus durable, on colle de la toile par derrière avec de la colle forte, et on y met quelquefois des étoupes (1) trempées dans la même colle.

La figure étant tout à fait moulée, on la fait sécher de nouveau et on la dore ou argente au besoin.

Avec du papier. — Toute l'opération nécessaire pour faire cet estampage est de passer une légère couche de colle sur la feuille de papier joseph posée sur le moule, d'appliquer sur celle-ci une feuille semblable ; cela fait, on colle une feuille de papier gris ordinaire désigné dans le commerce sous le nom de *papier trace* ou de *papier main-brune* et on l'applique sur le papier joseph ; une seconde feuille de main-brune est encollée et appliquée sur la précédente. Deux feuilles du même papier, posées l'une sur l'autre, sont appliquées de nouveau, mais non collées entre elles ; on ne les encolle que sur la surface qui s'appliquera sur le tas collé et sur celle qui doit recevoir une cinquième et dernière feuille de papier main-brune.

Cet arrangement varie, toutefois, suivant la force que l'on veut donner au carton ou suivant l'élégance des objets auxquels on le destine. Lorsqu'il s'agit de mouler des figures délicates, telles que celles qui tendent à imiter le biscuit de Sèvres, on n'emploie que du papier blanc ordinaire, sauf le papier joseph, ou le papier cartier, papier mince et fin, qui sont destinés à prendre convenablement les empreintes.

Afin d'économiser sur le prix du papier, on achète chez les papetiers le papier de rebut appelé *papier cassé.* Ce papier, qui se vend au poids, est composé de feuilles déchirées ou ayant des défauts ; l'ampleur du papier cassé n'est pas plus embarrassante que celle du précédent. Après la première feuille double de papier joseph, on superpose les unes aux autres les feuilles altérées, que l'on encolle et que l'on applique successivement. Le nombre ne peut être déterminé et dépend de l'épaisseur relative du carton. Si les feuilles déchirées ne sont pas entières, il faut ajouter des pièces, afin que l'épaisseur soit égale partout.

(1) Le coton en corde est aussi très-bon pour cet usage.

Avec le carton-pierre. — Voici les diverses compositions qui donnent les meilleurs résultats ; nous les indiquerons par numéros :

1° Une partie de pâte provenant de vieux papiers et de rognures de livres, une demi-partie de colle forte (1), une partie de craie, deux parties de terre bolaire et une d'huile de lin, produisent un carton mince, dur et très-lisse.

2° Avec une partie et demie de pâte à papier, une de colle, une de terre bolaire blanche, on obtient un carton très-beau, très-dur, très-uni.

3° Une partie et demie de pâte à papier, deux de colle, deux de terre bolaire blanche et deux de craie, donnent un carton uni aussi dur que l'ivoire.

4° Avec une partie de pâte à papier, une de colle, trois parties de terre bolaire blanche et une partie d'huile de lin, vous confectionnez un carton fort, beau, ayant la propriété d'être élastique.

5° Enfin, une partie de pâte à papier, une demi-partie de colle, trois parties de terre bolaire, une de craie et une et demie d'huile de lin, forment un carton infiniment supérieur à celui qu'on obtient par le procédé n° 4. Cette substance a la propriété de garder le type qu'on lui imprime ; teintée de quelques grammes de bleu de Prusse, elle prend une couleur bleu verdâtre.

On substitue avantageusement à la craie et à la terre bolaire la *chaux carbonatée pulvérulente,* que l'on trouve assez communément aux environs de Paris, notamment dans les carrières de Nanterre. Cette terre, blanche et légère comme du coton, se réduit en poussière par la plus faible pression.

Le mouleur délaye de la craie ou du plâtre dans une dissolution de colle blonde, dite colle de Flandre chaude, et il en applique au pinceau une couche extrêmement légère sur la surface du creux huilé et le plus également possible. Cela fait, il laisse à peine prendre le plâtre, et passe sur cette première couche une autre couche épaisse de la composition de carton-pierre dont il a fait choix. Il va sans dire que celle-ci doit être molle, au point de prendre aisément sous le doigt toutes les impressions qu'on veut lui donner ; pour cela, il ne faut le préparer qu'à l'instant de s'en servir. Il serait bon d'appliquer une légère solution de colle sur la couche de plâtre avant d'apposer le

(1) Pour les petits objets, on peut y substituer la colle de gants.

carton-pierre. L'opération se continue absolument comme pour estamper le carton ordinaire.

Le mouleur met ensuite sécher le creux qu'il vient de garnir, et s'occupe de l'autre partie. Il procède de même. L'air libre, s'il fait chaud, une étuve ou le voisinage du feu dans le cas contraire, opèrent la prompte dessiccation du carton-pierre, qui se détache comme tout autre carton. On réunit les parties estampées en rapprochant les repères, puis en les collant avec de la colle forte. Il y a cependant un autre moyen de jonction, qui est quelquefois préférable : il consiste à poser avec attention, sur la vive arête des morceaux, des clous de moyenne longueur, peu écartés entre eux et très-pointus. Les têtes, enfoncées de 4 millimètres environ dans le carton encore mou, se fixent bien solidement lors de la dessiccation. Après, on perce un trou avec un petit poinçon dans l'intervalle laissé entre chaque pointe de clou; on rapproche les deux vives arêtes, et les pointes de chaque morceau s'enfoncent dans le trou fait sur le morceau opposé. On les enfonce le plus possible en serrant et frappant; puis on passe sur le rejoint un peu de ciment. On y met aussi avec un pinceau fin une petite couche de plâtre délayé dans de la colle, qui cache parfaitement la couture. Si elle produisait quelque saillie, on la râperait doucement avec la peau de chien, lorsque le plâtre serait suffisamment pris.

« Il ne reste plus qu'une seule et bien simple opération. On fait bouillir de l'huile de lin lithargée, et, au moyen d'un pinceau, on enduit de cette composition les deux surfaces extérieures de la figure. Il va sans dire que l'on enduit aussi l'intérieur des objets avant de les réunir; mais cet enduit n'est utile qu'autant que la statue doit être exposée à l'air. »

Autre moyen d'obtenir le carton-pierre. — On commence, d'abord, par mettre dans le creux une couche peu épaisse de plâtre délayée avec de la colle. Immédiatement après on applique sur cette couche de l'étoupe bien également disposée; sur cette étoupe on colle une couche fort épaisse de plâtre grossier.

Estampage avec du carton-cuir. — On achète à bas prix, chez les peaussiers, chamoiseurs, gantiers, culottiers, tous les déchets et rognures de peaux; on les pile et on les broie. D'une autre part, on prépare une pâte à papier rendue très-épaisse; on la réunit à la pâte de cuir en les mêlant toutes les deux le plus exactement possible ; on en réunit les molécules avec diverses colles ou mucilages : le tout forme une pâte qu'on jette dans des moules creux huilés, et on lui donne la forme et la consistance en pressant fortement.

L'opération étant faite, il faut nettoyer le marbre avec de l'eau.

Moulage en bas-relief.

On commence par faire des modèles en terre ; on s'en sert pour faire des moules en plâtre composés de plusieurs pièces qui se rapportent et se renferment avec repères, dans une ou plusieurs *chapes,* suivant le volume et le relief de l'objet moulé. Quand ces moules sont bien secs, on les *abreuve* en leur donnant avec le pinceau plusieurs couches d'huile de lin, ce qui les durcit et empêche que le plâtre ne s'y attache. Cela fait, l'on coule dans le moule du plâtre bien tamisé et très-fin, que l'on tire quelquefois d'épaisseur, ou en plein, suivant la force que l'on veut donner à l'ouvrage. Pour retirer le plâtre moulé, on commence à dépouiller toutes les parties du moule les unes après les autres, dans le même arrangement qu'elles ont été posées, et alors on découvre le sujet en plâtre, qui rapporte avec fidélité jusqu'aux parties les plus déliées du modèle, n'ayant plus qu'à réparer, et souvent qu'à ôter les coutures occasionnées par les jointures des pièces du moule. Quand ces morceaux de sculpture en plâtre sont destinés à servir d'ornement à quelque édifice, on hache avec une hachette ou avec quelque autre outil les places où ils doivent être posés ; on les ajuste et on les scelle avec le plâtre. Il ne reste plus qu'à les réparer avec les outils en bois, et même les *ripes,* espèce de râpes qui ont la forme d'une spatule.

On se sert quelquefois de mastic et de cire molle pour estamper de petits objets, comme médailles (V. ci-dessus).

On peut employer pour cet usage une pâte qui réussit assez bien ; voici sa composition :

Prenez 500 grammes de cire jaune, 250 grammes d'huile d'olive et 500 grammes de poudre à poudrer ou de belle farine.

Lorsque la cire est fondue, vous versez l'huile, et, cette composition étant retirée du feu, vous y mêlez votre poudre avec une spatule, et remuez jusqu'à ce que la pâte soit d'une consistance ni trop molle ni trop ferme.

L'on moule fort bien, mais plus lentement, avec le moule aluné ou ciment-marbre de **MM.** Greendvood et Savoie, qui ont pris un brevet d'invention non expiré, et l'on obtient une plastique aussi belle et aussi dure que le marbre, lorsqu'elle a été trempée dans l'acide stéarique.

Moulage d'après nature.

On moulait autrefois sur nature avec de la cire fondue, mais on n'en fait usage maintenant que pour mouler des fruits coloriés, des poupées et des figures de saints pour les reliquaires. Aujourd'hui tous les artistes intelligents font le moulage à la gélatine. (V. ci-dessus.)

« Les avantages de ce procédé sont :

« 1° De donner des moules sans couture ;

« 2° D'éviter la perte de la dégradation ;

« 3° D'éviter à l'artiste toutes les réparations des coutures ;

« 4° De rendre avec la plus rigoureuse fidélité les détails les plus minutieux des sujets, avec tous les caractères particuliers ou spécifiques ;

« 5° De donner tous les moyens de faire tous les mouvements des pièces anatomiques ;

« 6° De donner le meilleur moyen de mouler ;

« 7° De le faire avec une grande économie de temps et de moyens ;

« 8° Enfin, de donner les moyens de conserver les modèles. »

Emploi du carton-pierre pour mouler des objets d'anatomie.

Par MM. Thibert et Rameaux (brevet d'invention expiré, t. XLVI, p. 155).

Mode de fabrication. — Une pièce d'anatomie étant préparée, on la moule sur nature, à creux perdu, par les procédés ordinaires ;

seulement on a soin, dans ce moulage, de ne recouvrir d'abord la pièce que d'une faible couche de plâtre, et on la laisse se prendre avant d'en ajouter de nouvelles ; de cette manière cette première couche n'affaisse pas les tissus sur lesquels on l'imprime, puisqu'elle est très-légère, et cependant elle acquiert assez de solidité pour soutenir les couches suivantes et empêcher la masse du plâtre, qui doit constituer le creux, d'affaisser les tissus, de déranger les organes de leur position naturelle et de les déformer.

On obtient dans ce creux perdu une copie en plâtre parfaitement semblable à la pièce anatomique donnée. Cette copie sert à faire des moules bons creux, autant qu'il en est besoin ; et, avec ces derniers moules, on reproduit à volonté et à l'infini de nouvelles copies semblables à la première et à la pièce modèle.

La substance plastique que les inventeurs emploient à faire ainsi des copies de pièces anatomiques est le carton-pierre, mais composé de la manière suivante :

1° Une partie de colle de Givet ;

2° Une partie et demie d'eau ;

3° Une partie et demie de papier bouilli (rognures ou papier-coton) ;

4° Un huitième de partie de gomme arabique ;

5° Craie, quantité suffisante.

La colle et la gomme arabique se dissolvent dans l'eau ; et quand la dissolution est opérée, que la liqueur est à un point voisin de l'ébullition, on y verse convenablement le papier préalablement divisé ; on agite le mélange, et, quand il est homogène, on le verse sur de la craie ; on broie le tout jusqu'à consistance convenable, et l'on obtient ainsi une pâte liante, ductile et tenace, qui s'estampe facilement. L'estampage se fait comme à l'ordinaire, et la copie retirée du bon creux, soit fraîche, soit après un commencement de dessiccation, on la fait sécher entièrement dans une étuve ; puis, pour la soustraire désormais à l'influence de l'humidité, on la passe à l'huile siccative, on la fait sécher de nouveau, après quoi elle prend, par la peinture, tous les tons de couleurs des tissus qu'elle doit représenter. Quand les pièces ont de grandes dimensions, on les soutient avec du fil de fer pour rendre toute déformation impossible.

Les pièces ainsi obtenues sont dures comme de l'ivoire ; elles ne se rayent, ni ne s'écornent, ni ne se gercent; on peut les laisser tomber sans qu'elles se rompent, et elles peuvent, par conséquent, être maniées incessamment pour l'étude. La modicité du prix les met à la portée de tous ; elles sont, d'ailleurs, d'une grande légèreté.

Pour la peinture, les auteurs emploient les couleurs au vernis-copal; ce qui leur donne une grande fixité.

Sculpture avec le talc, appelé aussi pierre de savon, stéatite, craie d'Espagne.

Cette pierre est très-douce au toucher ; quand elle est sèche, on peut la tourner, la tailler pour en faire divers objets très-délicats, qui sont susceptibles d'acquérir une très-grande dureté.

Pour cela, on taille ou on tourne cette pierre pour lui donner la figure qu'on veut en obtenir, ensuite on la place dans un creuset bien fermé, qu'on chauffe doucement; on augmente ensuite la température jusqu'à ce que le creuset soit arrivé au rouge blanc. On le conserve pendant deux ou trois heures ainsi chauffé, puis on le laisse refroidir peu à peu; on retire les objets du creuset, et on voit alors qu'ils ont acquis une très-grande dureté et font feu avec le briquet.

Si la stéatite taillée était incolore, lorsqu'on l'a mise dans le creuset, elle en sortira de couleur grisâtre ; si elle est colorée, elle peut fournir des objets colorés en rouge ou en brun.

On peut colorer les objets faits en stéatite et leur donner diverses teintes ; pour cela, on les chauffe, et, lorsqu'ils sont chauds, on les met en couleur.

Les colorations obtenues sont les suivantes :

Avec le vert-de-gris dissous et le vernis de succin, vert bronze.

Avec le sang-dragon et l'alcool, brun.

Avec le nitrate d'argent et l'alcool, noir.

Avec l'or dissous dans l'eau régale, pourpre.

Avec l'indigo dissous dans l'acide sulfurique, gris foncé.

Lorsque la pierre ainsi colorée est refroidie, on peut la polir avec de l'émeri fin, du tripoli, de la pierre-ponce très-fine ; la stéatite calcinée prend alors l brillant de l'agate.

Méthodes et procédés mécaniques pour sculpter.

Les procédés usités jusqu'à ce jour peuvent être groupés ainsi qu'il suit, en suivant l'ordre de leur invention :

1° Le *modelage* des objets en argile, en cire, plâtre, bois, soufre, sable, papier, albâtre, porcelaine, bitume, ciment, marbre et pierres factices, etc.

2° Le tour à portrait, amélioré par Hulot, et reposant sur des principes établis pour la première fois par M. de La Condamine, qui a publié, en 1733, la description et le dessin d'une machine pour copier sur le tour un portrait ou une médaille en relief. (V. l'*Histoire de l'Académie*, année 1734, p. 216 et 295, et l'*Art du Tourneur*, par Plumier, éd. 1749, chap. 12.)

3° Le procédé mécanique inventé par M. Amédée Durand, en 1826, pour sculpter en creux ou en relief sur le bois et autres matières, en suivant les formes découpées à jour. (V. *Dictionnaire des arts et manufactures*, p. 3248.)

4° Autre procédé, par le même, en comprimant et refoulant les bois légèrement mouillés, à l'aide de matrices, poinçons et emporte-pièces en acier, gravés en relief (1).

5° La machine de M. le marquis de Jouffroy. (Brevet d'invention expiré, de 1836, t. XLIII, p. 148.)

6° Celle de M. Sauvage. (Brevet d'invention de 15 ans, pris le 3 mai 1836.)

7° Celle de M. Dutel. (Brevet d'invention de 15 ans, pris le 9 novembre 1836.)

8° Celle de M. Collas. (Brevet d'invention, pris le 22 mars 1837.)

9° Celle de M. Grimpé. (Brevet d'invention de 15 ans, pris le 31 juillet 1838.)

10° Les nouveaux moyens de la sculpture sur les matières dures, à l'aide des matrices gravées en creux et tapotant mécaniquement, par M. Moreau. (Brevet d'invention expiré.)

11° Ceux de M. Graenacher, à l'aide de moules en fonte, chauffés

---

(1) Ce procédé est plus connu, comme étant l'œuvre de T. Stacker, qui l'a appliqué et perfectionné en Angleterre.

et brûlant le bois. (Brevet d'invention de 5 ans, pris le 27 décembre 1838.)

12° Enfin, les machines de MM. Lebas, Cervaizot, Combette, Jordan, etc., qui ont pris aussi des brevets d'invention non expirés.

Mais, de tous ces procédés de sculpture, nous ne décrirons que ceux qui sont tombés dans le domaine public et que tout le monde peut exécuter sans crainte et sans peine.

Premièrement, nous transcrirons une curieûse méthode pour exécuter la sculpture statuaire, déjà publiée dans le *Dictionnaire des arts et manufactures,* 1846, t. II, p. 3244.

Méthode abrégée pour exécuter la sculpture statuaire.

Par M. Amédée Durand, sculpteur.

Le résultat obtenu par cette manière d'opérer fut une statue de 2 mètres 50 centimètres de hauteur. C'était celle d'une figure de femme entièrement drapée, qui fait partie du mausolée du duc d'Enghien, existant aujourd'hui dans la chapelle du château de Vincennes. Elle fut exécutée en quatre-vingt-sept jours, par M. Amédée Durand, avec l'assistance d'un seul praticien sculpteur et de son aide.

Voici la succession des procédés qui ont été employés :

La disposition générale du modèle étant arrêtée, il a fallu ébaucher le marbre, sans toutefois prendre des points sur le modèle comme on le fait par le procédé ordinaire, points que l'on reporte ensuite du modèle sur le marbre à l'aide d'un compas et par l'intersection des distances du point à déterminer aux points déjà arrêtés; et voici comment se fait cette première ébauche, sous la condition de rigueur d'éviter tout enlèvement de matière, qui plus tard eût pu faire défaut. Le modèle étant debout, fut placé de manière à ce qu'une forte lame projetât sur un panneau, en feuillets de bois mince, sa silhouette, ou au moins une projection un peu amplifiée de la figure, soit vue de face, soit vue de profil, suivant la convenance; l'image fournie par cette projection, étant découpée, donna une silhouette de la figure. Cette silhouette, ou ce calibre de l'un des deux aspects principaux de la figure, fut posée horizontalement sur le marbre, couché lui-même sur le sol. Le travail à faire, d'après ce premier calibre, consista à couper à grands coups tout le marbre qui se trouvait excéder cette projection, que dessinait exactement l'emploi du fil à plomb.

Cette opération pour l'un des aspects de la figure, celui de la face, par exemple, étant terminée, on procéda de la même manière pour avoir celui du profil, c'est-à-dire que le modèle était présenté dans ce sens à la lumière de la lampe, et que la projection résultant de cette opération était à son tour appliquée sur le marbre, qui, lui aussi, avait fait un quart de révolution sur lui-même. Par cette manière d'ébaucher, plusieurs personnes purent facilement trouver place pour travailler simultanément, et le travail fut d'autant plus prompt qu'on n'avait pas besoin d'échafaudage.

Cette première ébauche faite, on procéda à la mise au point de la statue; après cette seconde opération, on la laissa dans la même situation, c'est-à-dire couchée; on conserva ainsi aux opérations subséquentes les mêmes facilités qui avaient accompagné la première. La mise au point, telle qu'elle est pratiquée généralement, est soumise à des pertes de temps considérables. Ainsi, pour peu qu'on admette que, pour arriver à l'enfoncement exact qu'on doit obtenir sur la pièce ébauchée, on mesure trois fois cet enfoncement, il résulte que, comme on emploie deux compas et un fil à plomb, il y a au moins neuf mesures à prendre, dont la dernière, celle par le fil à plomb, entraîne une perte de temps nécessaire pour faire *dormir* ce dernier et l'amener à l'état de repos.

A ce sujet, il faut remarquer que, par les moyens ordinaires, on procède de proche en proche, partant de points trouvés dans le cours du travail, pour déterminer les points ébauchés, et que, une fois une erreur commise, elle peut affecter toutes les opérations pour lesquelles elle a servi de base.

Le moyen employé par **M.** Amédée Durand consista à poser trois points, deux à la base du modèle, alors terminé, de la statue, et sur son sommet; une barre en bois de sapin, portant à l'une de ses extrémités une pointe en acier qui entrait dans le dernier point dont il vient d'être parlé, se terminait par une traverse également en bois et formant un T. Chaque extrémité de cette traverse portait une pointe, qui entrait dans chacun des deux autres points déjà cités. On comprend de suite que ce **T**, qui reliait les points extrêmes de la statue, formait de ces points la base qui devait servir à prendre tous les autres sur le modèle, et à les transporter sur le marbre à travailler.

Au moyen de ce **T**, les trois points fondamentaux furent transportés sur le marbre. Il n'y avait donc plus qu'à prendre et transporter de même cette multitude de points intermédiaires, dont chacun, ainsi qu'il a été dit plus haut, donne moyennement lieu à neuf opérations, tant à l'aide du compas qu'au moyen du fil à plomb. Pour obtenir ces points, il a suffi de garnir la longue barre de sapin (elle avait $2^m,70$) de tiges se terminant en pointes et mobiles dans tous les sens.

La pointe de chacune de ces tiges était mise en contact avec un des pointifs déterminés sur le modèle ; les différentes articulations, qui en avaient procuré la mobilité, étaient fixées par les procédés connus, comme dans le graphomètre ; mais une seule, celle d'en haut, ne permettait de manœuvre que dans un plan, la charnière restant libre et n'étant limitée dans son mouvement que par un butoir qui la maintenait en rapport avec le point mesuré. Ces armatures de pointes mobiles étaient au nombre de dix, et pouvaient changer de place sur toute la longueur de la grande barre de bois. Avant d'être transportées sur le marbre à travailler, elles avaient été relevées en arrière, et leur abaissement jusqu'au butoir résultait de l'enlèvement du marbre par les outils ordinaires, et déterminait la place ou l'enfoncement du point cherché.

On voit dès lors se substituer, à l'emploi des deux compas et du fil à plomb, celui d'une simple pointe à charnière, dont le mouvement est si simple, si sûr et si prompt, que de ce changement résulte une économie considérable de temps.

Tout ce qui vient d'être dit se rapporte exclusivement à la mise aux points, qui, ainsi qu'il a été dit, s'exécute la statue étant couchée. On conçoit que, quand il s'agit de draperies à grands plis, comme dans le fait rapporté, on peut en pousser l'achèvement très-loin sans redresser la statue et sans recourir aux échafaudages, qui sont si gênants et causent des pertes de temps considérables.

Procédé de M. Stacker, pour faire des reliefs sur bois.

La méthode de M. Stacker est fondée sur un principe physico-chimique, dont M. Amédée Durand s'est servi en 1822. On sait que, si l'on comprime la surface du bois avec un outil sans tranchant, la partie ainsi déprimée reprendra son premier niveau lorsqu'on la plongera dans l'eau.

Pour mettre cette propriété à profit, on confie d'abord au menuisier le bois dont on doit se servir, on lui fait donner la forme convenable et préparer à recevoir le dessin qu'on veut y imprimer. Après avoir déterminé la place où il doit être, on y applique un instrument sans tranchant, une espèce de *refouloir* ou *ébauchoir* en acier, qu'on enfonce à coups de marteau jusqu'à une certaine profondeur. Pour opérer plus vite, cet instrument, tel qu'un emporte-pièce, doit avoir à son extrémité la forme du dessin que l'on veut obtenir, de manière qu'en s'enfonçant il produise en creux ce que plus tard on veut reproduire en relief. Cette opération doit être faite avec beaucoup de ménagement, et pour mieux faire, au lieu de la percussion, il faut employer une forte pression. Il suffirait pour cela de placer l'outil et la pièce de bois sous la vis d'une presse dite à *balancier* ou à *estamper*. Dans tous les cas, on prend beaucoup de précaution pour ne pas rompre les fibres du bois avant que la profondeur de la dépression soit égale à la hauteur que l'on veut donner au relief des figures. Quand tout le dessin est comprimé, à l'aide du rabot ou d'une râpe, on réduit la surface du bois au niveau des parties déprimées. On plonge ensuite la pièce de bois dans l'eau froide ou chaude ; les parties qui avaient été comprimées reprennent leur niveau et forment ainsi un relevé en bosse, qu'on peut aisément terminer à l'aide d'un ciseau, d'un ébauchoir ou d'un petit *fermoir,* instrument analogue aux deux premiers. Si la pièce de bois était trop grande, on pourrait se dispenser de la plonger dans l'eau et se contenter de la frotter à plusieurs reprises avec une éponge imbibée d'eau chaude, ce qui produirait un effet suffisant.

Moyen de faire des figures en relief sur le marbre ou la pierre lithographique, à l'aide d'un acide.

Par M. Dufay, membre de l'Académie des sciences.

Il ne faut rien autre chose que garantir les endroits qui doivent rester en relief en les couvrant d'un vernis, et faisant ronger le reste par le moyen d'un acide.

Voici le procédé décrit par Dufay et publié dans les *Mémoires de l'Académie des sciences* (année 1728, page 64).

« Il faut tracer sur le marbre, avec un crayon, le dessin que l'on veut mettre en relief, et couvrir délicatement, avec un pinceau, du vernis suivant les endroits qu'on veut épargner. Ce vernis n'est autre chose que de la gomme-laque dissoute dans l'esprit-de-vin et mêlée dans du noir de fumée ou du vermillon, pour reconnaître plus facilement les endroits où on en a mis. Pour rendre l'opération plus simple, il n'y a qu'à pulvériser un morceau de bonne cire à cacheter et la faire dissoudre dans une quantité suffisante d'esprit-de-vin ; ce vernis sera sec en moins de deux heures. »

De tous les dissolvants que Dufay a essayés, celui qui lui a paru le meilleur est un mélange de parties égales d'esprit de sel (acide hydrochlorique) et de vinaigre distillé : il ne diminue en rien l'éclat du marbre et le dissout très-également.

« Le vernis étant bien sec, ajoute Dufay, on versera de cette liqueur sur le marbre ; lorsqu'elle y aura demeuré quelque temps et qu'elle aura entièrement cessé de fermenter, on pourra y en remettre de nouvelle et la laisser agir jusqu'à ce que le fond soit suffisamment creux. S'il y avait dans le dessin des traits délicats, comme des feuillages, on ne les tracera pas d'abord avec le vernis ; mais, lorsque le fond sera creusé à peu près de moitié de ce qu'il doit être, on ôtera le dissolvant en lavant bien le marbre, et, avec la pointe d'une aiguille, on enlèvera le vernis à l'endroit de ces traits délicats ; on remettra ensuite un nouveau dissolvant, et on le laissera autant qu'on le jugera à propos : cette précaution est nécessaire, parce que, lorsque l'acide a agi dans les endroits découverts, il ronge par-dessous le vernis, et élargit les traits à mesure qu'il les approfondit. Cet inconvénient demande aussi qu'on fasse les parties qui doivent être épargnées un peu plus fortes, afin que cette action latérale de l'acide les mette au point où elles doivent être. Au reste, cette opération ne demande ni beaucoup de soin ni beaucoup d'expérience, et les ouvriers les moins intelligents pourront facilement en venir à bout. Lorsque l'ouvrage sera entièrement fini, on enlèvera le vernis avec un peu d'esprit-de-vin ; et, comme les fonds seraient trop longs à polir, on pourra les peindre au pointillé avec des couleurs ordinaires délayées dans le vernis de gomme laque. »

Sans doute, on ne peut obtenir avec ce procédé une figure bien travaillée ; mais nous pensons qu'avec de l'adresse et de la patience on doit réussir à faire passablement, surtout en prenant des précautions pour que la liqueur ne morde pas trop sous le vernis, en réparant et modelant avec un outil le relief qui résultera de cette opération. On pourrait certainement empêcher la liqueur de mordre sous le vernis, en faisant fondre et couler celui-ci sur les côtés des traits, par l'action d'un fer chaud à repasser qu'on promènerait au-dessus du marbre ; ou bien on y appliquerait du vernis à retoucher avec un pinceau. Ce moyen est employé, dit-on, par M. Tissier, habile graveur sur pierre lithographique.

Moyen de produire des reliefs sur le bois par la combustion.

C'est M. Cumberland, Américain, qui le premier, sans doute, a eu l'idée de sculpter ou graver sur le bois en relief par la combustion, et voici ce qu'il écrivait à Nicholson, relativement *aux divers moyens d'imprimer d'après les autographes :* « Supposons que l'on regarde l'économie de la matière comme une condition absolue, et voyons si, en employant une substance qui peut résister à l'action de la flamme, nous ne pourrions pas écrire avec cette substance et attaquer par la combustion tout ce qui ne serait pas elle, en sorte qu'elle restât en relief. Si l'on pouvait procéder ainsi, le peuplier et le tilleul seraient bientôt, et à bon marché, convertis en planches d'impression. »

Mais M. Cumberland n'a pas indiqué alors la *substance qui pût résister à l'action de la flamme;* pourtant on savait de son temps que le bois, pénétré d'une solution d'alun, résiste avec avantage à la voracité de la flamme. *Rabelais,* dans le IIe livre de son *Pantagruel,* ch. 50, parle d'une tour de bois, *laquelle Sylla ne put oncques faire brûler, pour ce qu'Archelaüs, gouverneur de la ville* (Pirée, dans l'Attique), *pour le roi Mithridate, l'avoit toute enduite d'alun.* »

M. Gay-Lussac a proposé, en 1821, pour obtenir le même résultat, d'imprégner les objets combustibles de sels ammoniacaux, de borax, mais surtout d'un mélange à parties égales de sel ammoniac et de phosphate d'ammoniaque, ou de sel ammoniac et de borax.

En 1841, M. de Breza a indiqué l'emploi d'un mélange de 60 grammes d'alun, 60 grammes d'ammoniaque et 30 grammes d'acide borique qu'on dissout dans un litre d'eau, où l'on ajoute 19 grammes de gélatine et 6 grammes d'empois.

On peut peindre avec cette dernière composition, qui rend les bois ininflammables, le dessin qu'on veut mettre en relief, ainsi que les parties du bois qu'on veut garantir de la flamme. Cela fait, on expose le bois à l'action de la flamme provenant des charbons allumés, après avoir enduit, au besoin, d'essence de térébenthine ou de goudron, ou de toute autre matière très-inflammable, les parties qui doivent être enlevées ou carbonisées. L'action de la flamme ne doit durer que pendant un certain temps, afin d'obtenir une légère couche carbonisée, c'est-à-dire friable, et pouvant se détacher facilement sous l'action d'une brosse; après quoi on jette le bois dans l'eau, afin d'arrêter la combustion du bois; enfin on frotte le bois avec une brosse pour enlever le charbon.

Les bois les plus communs, tels que le peuplier, le marronnier, le tilleul, sont les plus propres à ce genre de sculpture. Elle se continue, du reste, quant à l'application du vernis préservatif et à la répétition des opérations, comme nous l'avons dit pour la gravure et la sculpture sur marbre par l'acide.

Manière d'imiter les vases du Japon, assiettes, plateaux, boîtes à thé, tabatières en papier broyé et verni.

On prépare la pâte à papier comme nous l'avons déjà indiqué (*Voy.* p. 50).

L'on prend ensuite de la gomme arabique et l'on en fait une eau de gomme bien forte, dont on couvre la pâte de l'épaisseur de 27 millimètres ; on met le tout ensemble dans un pot de terre vernissé, et on fait bien bouillir le mélange, en ne cessant de remuer, jusqu'à ce que la pâte soit suffisamment imprégnée de colle ; après quoi, on la met dans un moule qui doit être préparé comme on va le décrire.

Moule. — Si vous voulez, par exemple, faire un plat ou un plateau (fig. III), ayez une planche de bois bien dur, que vous ferez travailler par un tourneur, de manière qu'il puisse emboîter le dos ou le côté extérieur d'un plateau ; vous y ferez pratiquer vers le milieu un ou deux trous qui passeront au travers du moule.

Vous aurez, outre cela, un autre morceau de bois dur, auquel vous ferez donner la forme d'un plat, et seulement 2 à 4 millimètres de diamètre moins que l'autre.

Frottez ces moules d'huile du côté qui a été tourné, et continuez jusqu'à ce que l'huile en découle ; ils seront alors préparés dans l'état qu'ils doivent avoir.

Quand vous serez prêt à fabriquer votre vase de pâte, prenez le moule percé de trous, et, après l'avoir huilé de nouveau, posez-le à plat sur une table solide, étendez-y votre pâte le plus également que vous pourrez, de manière qu'il y ait environ 7 millimètres d'épaisseur.

Ensuite huilez bien votre second moule, et, le posant exactement sur la pâte, appuyez dessus très-fort ; mettez-y un poids fort lourd, et laissez-le dans cet état pendant vingt-quatre heures.

Quand cette pâte sera sèche, elle sera aussi dure que du bois ; alors on y appliquera le fond noir, qui sera fait avec de la colle et du noir de lampe.

Ensuite vous laisserez sécher ce plat à l'air, et, quand il sera bien sec, vous appliquerez une ou deux couches de vernis du Japon si l'on veut donner un fond noir à l'ouvrage.

C'est par cette méthode que Martin fabriquait ces boîtes de carton ou tabatières vernies qui ont eu tant de vogue sous le siècle de Louis XV.

Vases faits avec de la sciure de bois.

Pour faire ces vases, on prend de la sciure de bois fine, sèche et passée au tamis ; on la réduit en pâte, en y mêlant, sur le feu, de la térébenthine, de la résine et de la cire.

Cette opération doit se faire en plein air, de peur que la matière ne s'enflamme ; on met cette pâte dans les moules, comme on l'a dit ci-dessus, et on suit les mêmes procédés pour les vernir.

Lorsqu'on veut donner aux vases une couleur rouge, on met du vermillon dans le vernis.

On imprime sur les vases les dessins que l'on désire ; on applique un vernis à bois par-dessus, et on y trace des filets d'or ou d'argent.

Autre procédé pour faire les ornements avec de la sciure de bois,

Par M. Sébastien Lenormand.

On fait de la colle très-claire avec cinq parties de colle de Flandre et une partie de colle de poisson. On fait fondre séparément ces deux colles dans beaucoup d'eau, et on les mêle ensemble après les avoir passées à travers un linge pour en séparer toutes les ordures et les parties hétérogènes qui n'auraient pas pu se dissoudre. La quantité d'eau ne peut pas être fixée, parce que toutes les colles ne sont pas homogènes, et qu'il y en a certaines qui en exigent plus et d'autres moins. L'on connaît le degré de liquidité convenable en laissant parfaitement refroidir les colles mélangées ; elles doivent former alors une gelée très-peu consistante, ou mieux un commencement de gelée. S'il arrivait que, refroidies, elles fussent encore liquides, on ferait évaporer un peu d'eau en exposant le vase qui les contiendrait à la chaleur. Si, au contraire, elles avaient un peu trop de consistance, alors on ajouterait un peu d'eau chaude. Du reste, quelques essa s indiqueront fort bien le degré de liquidité suffisant.

La colle ainsi préparée, on la fait chauffer jusqu'à ce qu'on ait de la peine à y tenir le doigt plongé ; par cette opération, il s'évapore un peu d'eau, qui, par son absence, donne à la colle une plus grande consistance (1). Alors on ajoute de la râpure de bois que l'on veut mouler, et que l'on a eu soin de faire avec une râpe fine, ou, ce qui revient au même, de la sciure de bois qu'on a passée à travers un tamis de crin ou de toile métallique très-fine ; on en forme une pâte qu'on place dans des moules de plâtre ou de soufre, après les avoir enduits d'huile de lin ou de noix, de la même manière que lorsqu'on veut mouler du carton-pierre, etc. (*Voy.* p. 53 et suiv.). Il faut avoir soin de tasser avec la main la pâte dans le moule, afin qu'elle prenne bien toutes les formes de la gravure en creux ; ensuite on la couvre avec une planche huilée qu'on charge, afin que la pâte entre bien dans tous les contours, et on la laisse ainsi sécher. On peut hâter la dessiccation et la rendre parfaite en la chauffant dans une étuve. Les empreintes une fois sèches, on enlève les bavures ; on aplanit le derrière s'il y était resté des inégalités, qu'on peut éviter avec un peu de soin, et on les colle ensuite sur les vases ou autres objets que l'on veut décorer. On passe dessus une ou plusieurs couches de vernis à l'esprit-de-vin ou à l'essence, ou bien l'on cire à l'encaustique.

On peut mouler aussi des figures en ronde-bosse, en procédant, comme il a été dit pour le moulage, avec du papier pourri ; cependant il faut un peu plus de soin, et employer des moules en plusieurs parties.

Autre manière de composer la pâte de sciure de bois, par MM. Bosc et Cadet de Gassicourt. — Précipitez une solution de 750 grammes de colle forte par une décoction de 1 kilogramme et demi de noix de galle : ce mélange doit être fait à froid. Ce précipité, séparé de la liqueur, présentera une matière jaune et tirant sur le fauve, brunissant à l'air et exhalant une odeur de lessive. Cette substance se dissout en partie dans l'eau chaude, quand le précipité est

______

(1) Si l'on ne prenait pas d'abord la précaution de la faire très-légère, elle prendrait dans cette opération une trop grande consistance, et les ouvrages se fendilleraient.

récent; mêlée avec un tiers environ de poussière de bois, elle conserve assez de ductilité pour recevoir et garder l'empreinte des moules.

Les bois en poudre, tels que le buis, l'acajou, le bois de gayac, de poirier, se mêlent très-bien avec la gélatine tannée et se prêtent au moulage; mais, quand les pièces n'ont pas une certaine épaisseur, elles se gauchissent et sont cassantes.

La poudre d'ardoise est la plus favorable à l'estampage; cette poudre, tamisée, s'allie très-bien à la gélatine tannée, et forme une pâte noir bleuâtre qui se moule parfaitement, présente un bel aspect, et prend en séchant beaucoup de solidité.

Le sumac peut remplacer la noix de galle; le saule blanc et la racine de benoîte pourraient être employés avec succès pour le même objet.

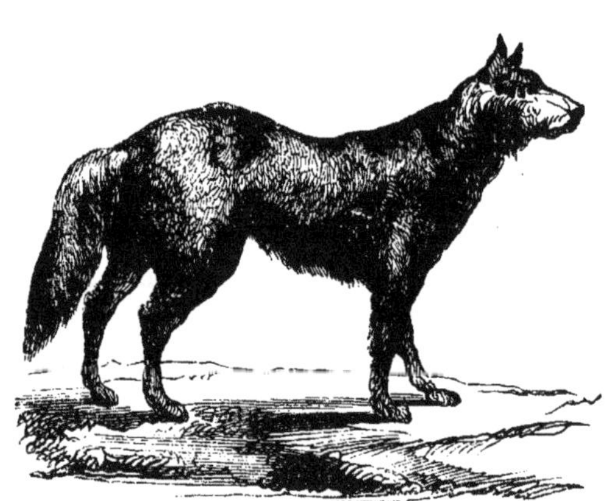

SCULPTURE

Le travail du marbre se fait d'après le modèle en plâtre.

Les moyens géométriques étant les plus sûrs en toute chose, ce sont eux qui doivent être employés soit pour obtenir la copie identique du modèle, soit pour le grandir ou le diminuer.

On commence d'abord par dégrossir le marbre, puis on se sert de la machine à mettre aux points, qui a pour mission de rechercher sur le modèle les épaisseurs des parties creuses ou saillantes, comme il est indiqué dans le dessin. On s'occupe de celles-ci d'abord. Ensuite, et quand on a déterminé d'une manière exacte les distances existantes sur le modèle, on fait une marque au crayon sur chacune des parties où se sont fixées les pointes de l'instrument. Cette première opération terminée, on reporte cette machine sur le marbre en le creusant jusqu'à ce qu'on ait obtenu les mêmes épaisseurs qui ont été trouvées sur le modèle ; enfin l'on répète cette opération pour toutes les parties principales, puis on continue pour tout le reste en faisant usage des compas destinés à ce travail.

Le marbre se taille par plans ; pour commencer le travail, on se sert des pointes, ensuite des ciseaux et des râpes, et, enfin, on termine avec la pierre ponce, qui donne au marbre son fini.

Des différents marbres.

Les plus beaux sont les marbres de Carrare, et nous viennent de carrières situées dans le duché de Modène.

Plusieurs départements de la France possèdent des carrières dont

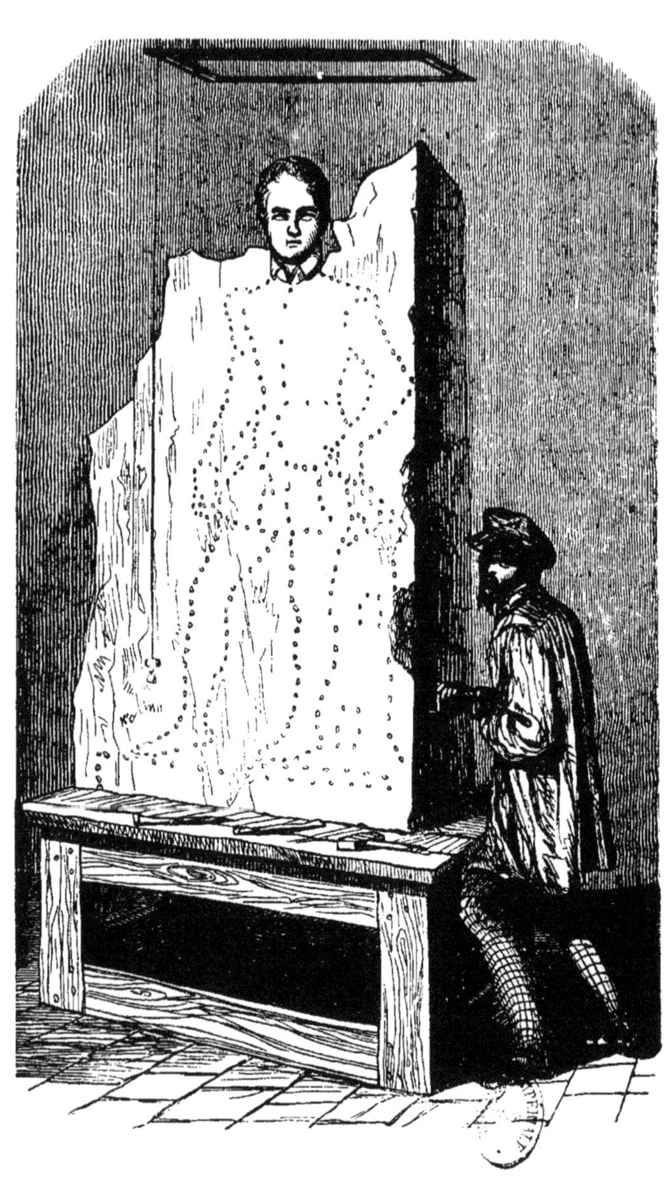

les produits pourraient rivaliser avec les marbres de Carrare ; malheureusement on s'était fort peu occupé de leur extraction jusqu'au temps qui a précédé l'exposition des produits de l'industrie ; mais maintenant que de magnifiques spécimens de nos marbres indigènes ont été produits, les artistes, plus favorisés que par le passé, auront bientôt, nous l'espérons, une économie réelle, résultat de la concurrence, jointe à un choix plus large et qui pourra laisser plus de champ à la fantaisie, trop circonscrite jusqu'ici.

De l'albâtre.

L'albâtre se travaille avec succès en Italie, mais c'est à Florence surtout qu'excellent les sculpteurs d'albâtre ; car on y fait, pour la foule d'étrangers qui abonde en cette ville, un grand nombre de copies réduites, d'après les antiques qui ornent son musée. On y travaille aussi une sorte de marbre vert d'une fort jolie nuance, d'une nature assez tendre et par conséquent facile à travailler. Ce marbre, production du duché de Toscane, se trouve dans des carrières voisines de Pistoja.

La qualité du marbre vert étant une de celles de l'albâtre, on ne travaille cette dernière substance qu'avec les ciseaux, les râpes et les ébauchoirs.

Dès qu'on a mis aux points l'objet qu'on veut sculpter, le reste offre beaucoup moins de difficultés que lorsqu'il s'agit du marbre de Carrare.

On se tromperait fort si l'on pensait que l'albâtre soit par lui-même d'un blanc opaque et mat comme nous le voyons ; il doit cette opacité au feu, sur lequel on lui fait faire quelques bouillons dans une eau limpide ; c'est à ce procédé que l'albâtre doit de perdre la transparence qui lui est naturelle.

C'est lorsqu'il a passé par les mains du sculpteur qu'on doit faire subir à l'albâtre la préparation dont nous venons de parler.

La sculpture sur bois, dont tant de magnifiques échantillons décorent nos musées et sont la plus belle richesse du cabinet de l'antiquaire, la sculpture sur bois se travaille par les mêmes procédés employés pour le marbre et l'albâtre ; les outils dont on se sert sont des gouges et des ciseaux de différentes grosseurs.

Les bois qui se taillent de préférence sont le chêne, le tilleul, le noyer, le poirier, le buis.

Le bois blanc est celui qui convient le mieux pour sculpter les fruits, les fleurs, la verdure, toutes les choses destinées à être dorées, et pour tout ce qui concerne l'encadrement et l'ornementation.

La sculpture du bois est un travail rempli de délicatesse, de charme et d'intérêt, et bien capable, selon nous, d'occuper d'une manière agréable les loisirs de l'amateur.

Nous ne croyons pas devoir clore ce petit volume sans y ajouter quelques détails qui en sont comme le complément, ils doivent traiter de la *fonte,* opération difficile, compliquée, à laquelle peu de nos lecteurs, sans doute, ont assisté, et qui, par conséquent, est restée complétement étrangère au plus grand nombre.

Voici de quelle manière s'opère le travail, suivant les deux méthodes employées : l'une se fait au moyen d'un moule de sable, l'autre au moyen d'un moule de potée.

Le moule de potée sert de préférence pour les choses de grande dimension.

On débute par faire en plâtre un moule à bon creux, au moyen duquel on obtient une épreuve en cire, qui garnit chaque pièce intérieure du moule et dont l'épaisseur doit être celle qu'on donnera au bronze. Cette épreuve terminée et renfermée dans le moule, on en remplit l'intérieur avec un mortier mélangé de plâtre et de brique pilée.

Ensuite on démonte toutes les pièces dont se compose le moule, et l'on repasse le modèle en cire. Ce travail consiste dans la réparation des parties attaquées et dans l'enlèvement des coutures ; il doit être fait par le sculpteur. Lorsqu'il est terminé, on pose sur la cire des tuyaux également en cire, lesquels correspondent dans l'intérieur, et sont indispensables pour laisser s'échapper les vapeurs de la fonte. Il en faut aussi dans la partie inférieure : ceux-là sont destinés à opérer l'écoulement de la cire.

Le modèle une fois disposé de cette manière, on s'occupe de la formation du moule de potée, qui remplace le moule en plâtre pour l'opération de la fonte ; il se fait avec un mélange de sable, de crotin de cheval bien pourri, auquel on adjoint de la bourre de veau: le tout compose une pâte convenablement humide et consistante, de laquelle on enduit le modèle avec un pinceau. On doit en appliquer vingt-cinq couches les unes après les autres, laissant entre chacune le temps nécessaire pour qu'elle puisse sécher; enfin on applique par-dessus ces couches mises successivement une autre pâte pareille, mais plus consistante, qui donne l'épaisseur voulue à cette première portion du moule; ensuite on le renforce avec des bandes de fer, puis on le recouvre de mortier composé de plâtre et de sable fort épais.

Il est nécessaire d'expliquer ici que, pour rendre plus faciles les opérations que nous venons d'expliquer, le moule a été construit dans une fosse; lorsque les opérations en sont arrivées au point que nous venons de dire, on enterre le moule, puis on construit à sa partie supérieure un bassin correspondant aux tuyaux qui doivent recevoir le métal. Lorsque les choses en sont arrivées là, on s'occupe du coulage du bronze. Cette opération, des plus difficiles, demande à être conduite avec un soin extrême et une très-grande habileté, car d'une telle opération manquée il pourrait résulter, avec une très-grande perte, de très-graves accidents.

Quant à la manière d'opérer au moyen d'un moule en sable, voici comment on y arrive :

On fait, sur le modèle en plâtre, un moule à bon creux avec du sable préparé pour cet usage. Lorsqu'il est fini, on enlève l'une après l'autre chaque pièce, qu'on replace dans l'ordre voulu dans la fosse préparée pour l'opération; puis, pour former ce qu'on nomme le noyau, on y introduit d'autre sable; enfin on démonte le moule, et l'on enlève du noyau la quantité de sable suffisante pour lui faire prendre le retrait dont il est besoin : pour cela il faut calculer l'épaisseur qui doit être donnée au bronze. Tous ces préparatifs terminés, on forme une dernière fois le noyau enfermé dans le moule, et enfin on procède au coulage du bronze.

Ainsi s'accomplit cette opération, l'une des plus belles et des plus imposantes qui puissent être offertes au regard d'un homme intelligent et d'un amateur des arts.

FIN.

TABLE DES MATIÈRES

FIN DE LA TABLE DES MATIÈRES.

LIBRAIRIE DESLOGES

4, RUE CROIX-DES-PETITS-CHAMPS, PARIS

Ajouter 20 c. par franc pour recevoir *franco* par la poste (AFFRANCHIR.)

Peinture sur papier de riz. 1 vol. avec planches d'étude. . 1 fr.

Traité de Taxidermie, ou l'Art de mégir, de parcheminer, d'empailler, de monter les peaux de tous les animaux, de prendre, préparer et conserver les papillons et autres insectes, précédé des Procédés Gannal ; 4e édition. . . . . 1 fr.

Lettres sur la Miniature, traité par Mansion, élève d'Isabey. 1 vol. de 244 pages . . . . 4 fr.

Manuel du Tisseur, contenant les armures et les montages usités pour la fabrication des tissus, par Lions. 1 vol. in-8°, avec planches. 2 fr. 50

Recueil d'encadrements et de titres, dessinés par Langlade. Album oblong. In-8° . . . . 1 fr.

Le Mécanicien-Constructeur de machines à vapeur, ouvrage utile aux constructeurs, inventeurs, ouvriers mécaniciens, fumistes, industriels, dessinateurs, etc., par P. Ch. Joubert, auteur de plusieurs ouvrages scientifiques . . . . 1 fr.

Peinture lithochromique, ou imitation sur toile, et l'Art de donner aux objets dessinés au crayon, à l'estampe, aux lithographies, gravures, etc., l'apparence d'une jolie peinture à l'huile, suivie des Procédés pour peindre et décalquer sur le bois et les écrans, et d'obtenir, avec un petit nombre de couleurs, toutes espèces de nuances. 5e édit. . . . 75 c.

Peinture orientale, ou l'Art de peindre sur papier, mousseline, velours, bois, etc., et de décalquer sur verre. 3e édition, grand in-18. 75 c.

L'art de préparer les plantes marines et d'eau douce pour les conserver dans les collections d'histoire naturelle et en former des albums. 1 vol. in-18. . . . . 1 fr.

Études des passions appliquées aux beaux-arts, etc. 1 vol. in-8°, par Delestre . . . . 3 fr. 50

Recueil d'anatomie portatif à l'usage des artistes, par Hip. Poquet. 1 vol. . . . . 5 fr.

Manuel du savoir-vivre, ou l'Art de se conduire selon les convenances et les usages du monde, dans toutes les circonstances de la vie et dans les diverses régions de la société. 1 joli volume. . . . . . 1 fr.

Nouvelle Encyclopédie de la jeunesse, publiée, sous la direction de M. l'abbé A. Denys, curé de Saint-Éloi de Paris, par Th. Midy, 1 vol. grand in-12. . . . . 1 fr. 50

Le Bonheur dans la famille, ou l'Art d'être heureux dans toutes les circonstances de la vie, suivi de Traités d'utilité et d'agrément, avec planches d'études. 1 joli volume in-18, par V. Maquet. . . . . . 1 fr.

Devoirs des enfants et des jeunes gens, par P. Vattier. 1 vol. in-12. . . . . 1 fr.

La Science de monsieur le curé, cours élémentaire de morale, de religion, d'histoire. 1 vol. grand in-32. . . . . 50 c.

Le Trésor de la Jeunesse, instruction pour remplir ses devoirs envers Dieu, la société, moyen de faire honorablement son chemin dans le monde. 1 vol. in-18, broché. . . . . 40 c.
Cartonné . . . . 60 c.

BIBLIOTHÈQUE DES FAMILLES.

40 OUVRAGES. — 3,000 gravures. — 35 FRANCS LA COLLECTION.

Chaque ouvrage séparément : 1 fr.; *franco,* 1 fr. 30 c.

1. Civilité chrétienne.	21. Histoire de Napoléon.
2. Grammaire.	22. Tablettes universelles.
3. Géographie générale.	23. De l'homme moral.
4. Géographie de France.	24. Le règne animal.
5. Voyage, tour du monde.	25. Le règne végétal.
6. Missions célèbres.	26. Le règne minéral.
7. Fables morales.	27. Astronomie.
8. Lectures (Bossuet, etc.).	28. Découvertes et inventions.
9. Lectures choisies (en vers).	29. Connaissances utiles.
10. Lectures du dimanche.	30. Erreurs et préjugés.
11. Morale chrétienne.	31. Arithmétique.
12. Hommes utiles.	32. Exercices d'arithmétique.
13. La Vie de Notre-Seigneur.	33. Tenue des livres.
14. La Vie des Saints.	34. Dessin linéaire.
15. La Vie des Saintes.	35. Géométrie.
16. Bienfaits de la Religion.	36. Algèbre.
17. Histoire sainte.	37. Arpentage.
18. Histoire ancienne.	38. Physique.
19. Histoire moderne.	39. Chimie.
20. Histoire de France.	40. Des soins à donner à la santé.

Système graphique français, pour écrire cette langue, indispensable aux étrangers pour apprendre la prononciation française. . . 1 fr. 25

Méthode d'écriture graduée (paroles et actions des hommes les plus illustres). 1 joli vol. oblong. . . . . 2 fr.

Études hygiéniques sur la santé et le bonheur des femmes, par

V. Maquel, docteur en médecine de la Faculté de Paris; 2ᵉ édition. 1 vol. grand in-32 . . . . 1 fr.

Traité des substances alimentaires, leurs propriétés et leur influence sur la santé et la vie. — Alimentation propre aux enfants, aux adultes, aux vieillards; aux sanguins, bilieux, nerveux, affaiblis et réputés incurables. — Influence du café, thé, vin, bière, eau-de-vie, etc., et de toutes les autres boissons. . . . . 25 c.

Perfectionnement ou dégénération physique et morale de l'espèce humaine, analogie des faits observés sur les animaux et sur les plantes, par V. Maquel, docteur médecin. 1 volume grand in-18. . . 2 fr.

MANUELS A 50 CENTIMES.

Manuel de la Peinture sans maître, à l'aquarelle, à la gouache, sur verre, orientale, etc.

— de la Sculpture, du Mouleur, etc., sans maître, avec planches d'étude.

— de la bonne Société, ou l'Art du bon ton, de l'élégance et de la politesse.

— Notions sur les empoisonnements et sur les secours à donner aux empoisonnés.

— de Découpure des fleurs en papier, en perles, en cheveux, en soie, etc.

— du Pianiste et du Plain-Chant.

— du Musicien et du Chant.

— de la Danse, de la Valse et de la Polka.

— de la Broderie, du Crochet et du Filet, suivi des meilleurs moyens pour faire ses robes, de maximes choisies et de miscellanées.

— du Tricot à l'aiguille, au cadre, à la baguette, au clou, au crochet, etc.

— de la parfaite Couturière, avec planches et patrons.

— de la Blanchisseuse en tous genres.

— de la Toilette, guide des dames et des demoiselles, avec recettes utiles.

— des Dames poëtes, gracieuses compositions.

— des Jeux d'esprit, charades, logogriphes, énigmes.

— du Médecin et du Pharmacien, formules et recettes utiles.

— de la bonne Ménagère, recettes utiles.

— des Tableaux de l'histoire littéraire, universelle.

— de la Glacière et du Confiseur.

— de la Modiste, histoire des Modes.

— de Physique, de Chimie, de Géométrie, de Géologie, d'Agriculture, d'Économie, d'Hygiène, etc.

— de la Jeunesse, et moyens de faire honorablement son chemin dans le monde.

Manuel de la Coiffure.

— de la Culture des fleurs.

— du Jardinier.

— Guide des Mères de famille.

— des Jeux d'enfants.

— sur le choix d'une carrière.

— de la Natation.

— du Parfumeur, recettes utiles.

— Livres des saintes Patronnes.

— du Pâtissier.

— Abrégé d'Arithmétique.

— de la Comptabilité des ménages.

— du parfait Domestique.

— Le parfait Pêcheur à la ligne, suivi d'un Traité de Pisciculture.

Manuel de l'Oiseleur, ou l'Art de prendre, d'élever, d'instruire les oiseaux en volière, en cage ou en liberté, de les préserver et guérir de toutes maladies, etc. 1 volume illustré de 21 planches d'oiseaux et de piéges. . . . . 50 c.

Le Trésor des recettes utiles et de Gastronomie. 1 volume . . . . 50 c.

Décameron (le Nouveau) des jolies femmes, par Marc Constantin, 1 vol. in-32, illustré. . . . . 50 c.

La Loi d'amour. 1 vol. . . . . 1 fr.

Plus de fraude! les falsificateurs dévoilés, ou l'Art de reconnaître, par des procédés simples, infaillibles et sans le secours de la chimie, les altérations et les falsifications de toutes les **substances alimentaires,** solides et liquides, et de les rétablir dans leur état primitif. 1 vol. . . . . 1 fr.

Histoire naturelle des papillons, ornée de 210 figures. 1 vol. format Charpentier. Prix en noir : 5 fr. — En couleur. . . . 9 fr.

Histoire naturelle des papillons, suivie de la Manière de s'en emparer, de les conserver en collections inaltérables, et du calendrier du chasseur de papillons, chenilles et autres insectes. 1 vol. in-8°, noir, 3 fr. — Colorié . . . . 5 fr.

Table polyophélique, ou Nouvelle Méthode pour résoudre instantanément tous les calculs usités en affaires, reconnue comme un progrès dans la science des nombres, par Martin de V. . . . . . 50 c.

Tenue des livres. Nouveau système au moyen duquel tout commerçant peut, en un quart d'heure, connaître sa situation commerciale sans faire d'inventaire ; opérations de bourse, etc., par Milton. 1 vol. in-8°. 2 fr.

LAGNY. — Typographie de A. VARIGAULT et Cie.